AF186069

Karl-Heinz Groth

Wir
vom Jahrgang
1940
Kindheit und Jugend

Impressum

Bildnachweis:

Umschlag: Archiv Georg Fruhstorfer (vorne oben), Herbert Ehrlich, Filderstadt (vorne unten),
Presse-Bild Poss (hinten);
Gertrud Seehaus, Großburgwedel : S. 5; Archiv Karl-Heinz Groth: S. 6, 24 o./u., 31, 34, 38, 41 o./u.,
43, 44, 51, 52; Horst Wengert, Ismaning: S. 7 u.; Archiv Georg Fruhstorfer: S. 13; Familie Kramm:
S. 15; Anneliese Gleich, Aurich: S. 16 o.; Elfriede Krether, Witzenhausen: S. 16 u.; Stadtarchiv
Bielefeld: S. 18; Sudetendeutsches Bildarchiv München: S. 19, 21; Denkmalschutzamt Hamburg:
S. 23, 25, 26, 32, 33, 49; Edith Eberwein, Dorsten: S. 29; 50er-Jahre-Museum Büdingen: S. 37, 54;
Archiv Gustav Hildebrand: S. 40 l./r.; Presse-Bild Poss: S. 42, 56; Heinz Koberg, Burgwedel: S. 45;
Archiv Ulrike Lange-Michael: S. 48; Helga Rosenau, Wettenberg: S. 57; Anke Krieger, Heubach: S. 59;
Ruth Völlmann, Dudenhofen: S. 60; Reinhold Plett, Gummersbach: S. 61; Herbert Ehrlich, Filderstadt:
S. 62; ullstein bild – Otfried Schmidt: S. 11 o.; ullstein bild – ullstein bild: S. 7 o., 9, 11 u., ullstein
bild – Süddeutsche Zeitung Photo / Scherl: S. 14, 17; ullstein bild – dpa: S. 27, 36.; ullstein bild –
Röhnert: S. 55 o.; ullstein bild – United Archives / KPA: S. 55 u.; picture-alliance/akg-images: S. 30, 47

Wir danken allen Lizenzträgern für die freundliche Abdruckgenehmigung.
In Fällen, in denen es nicht gelang, Rechtsinhaber an Abbildungen zu ermitteln,
bleiben Honoraransprüche gewahrt.

Besuchen Sie das 50er-Jahre-Museum
in Büdingen mit seinen unzähligen Exponaten
aus einer spannenden Epoche:

50er-Jahre-Museum e.V.
Auf dem Damm 3
63654 Büdingen

25. Auflage 2025
Alle Rechte vorbehalten, auch die des auszugsweisen
Nachdrucks und der fotomechanischen Wiedergabe.
Gestaltung und Satz: r2 | Ravenstein, Verden
Druck: Druck- und Verlagshaus Thiele & Schwarz GmbH, Kassel
Buchbinderische Verarbeitung: Buchbinderei S. R. Büge, Celle
© Wartberg-Verlag GmbH
34281 Gudensberg-Gleichen • Im Wiesental 1
Telefon: 056 03/9 30 50 • www.wartberg-verlag.de
ISBN: 978-3-8313-3040-9

Liebe 40er!

Menschen, die zurückschauen auf ihr Leben und das Leben anderer, werden oft als antiquiert, als „ewiggestrig" apostrophiert. So mancher verklärte Blick trübt die Erinnerung, wenn das Zurückschauen nur noch sich selbst genügt und eine distanzierte Betrachtung nicht mehr zulässt. Dabei ist es für jeden wichtig zu wissen, woher er kommt, wer und was ihn in Kindheit und Jugend geprägt hat. Vergangenheit, Gegenwart und Zukunft eines Menschen sind unauflösbar miteinander verbunden.

Dieser Band mag dem einen oder anderen Leser und Betrachter der Bilder behilflich sein bei der Spurensuche – bei der Suche nach sich selbst. So manches ist im Laufe der Jahrzehnte der Erinnerungsfälschung zum Opfer gefallen. War es so oder gänzlich anders? Schwarzschlachten, Schnapsbrennen, CARE-Pakete, Trümmerfrauen, Schulspeisung, Tauschhandel auf dem „schwarzen Markt", Rohrstock, Tanzstunde, die erste Liebe – wer erinnert sich nicht? Davon und von vielen anderen zurückliegenden Ereignissen erzählt dieses Buch.

Mir haben bei der Abfassung der Texte und Zusammenstellung der Bilder Zeugen von damals wertvolle Anregungen geben können. Letztlich aber entscheidet jeder für sich, wie es damals war. Es ist ganz und gar kein Geschichtsbuch, auch kein Geschichtenbuch, aber ein Buch, das Geschichten, das Schicksale erahnen lässt. Möge die „Reise in die Vergangenheit" das eine oder andere „Aha" auslösen und aufhellen, was bisher verdrängt worden ist.

Karl-Heinz Groth

Soldaten
für den Führer

Das Liebste für den Führer

Hitlers ständige Aufrufe, besonders der am Neujahrstag 1941, wonach zur Beherrschung Europas nur „jene Völker und Kräfte berufen sind, die in ihrer Haltung und ihren bisherigen Leistungen selbst als junge und produktivere angesprochen werden können", ist bei den deutschen Familien nicht ungehört geblieben. Viele junge Frauen sehen es als ihre vornehmste Pflicht an, dem Führer zur Gestaltung und Vollendung seiner Großraum-Politik den benötigten Nachwuchs zu schenken. Ein erschütterndes Dokument ist diese Aussage einer Mutter anlässlich der Mitteilung, dass einer ihrer Söhne gefallen sei. „Ja, Hannes, ich habe mein Liebstes hingeben müssen – aber für Adolf Hitler und Deutschland habe ich es gerne getan." Der neugeschaffene Mutterorden scheint zudem Stimulanz genug zu sein, die Reproduktionskräfte im Volke voranzutreiben.

Chronik

20. Februar 1940
Britische Luftangriffe auf mitteldeutsche Industriestädte.

27. März 1940
Heinrich Himmler befiehlt die Einrichtung des KZ Auschwitz-Birkenau.

9. April 1940
Die deutsche Wehrmacht überfällt Dänemark und Norwegen.
Der norwegische König flieht aus Oslo in den Norden des Landes, Schweden erklärt sich neutral.

24. September 1940
Unter Goebbels wird der antisemitische Film „Jud Süß" gedreht.

19. April 1941
„Mutter Courage und ihre Kinder" (Bertolt Brecht) wird in Zürich uraufgeführt.

22. Juni 1941
Einmarsch deutscher Truppen in die Sowjetunion: Es folgen Truppen zur Liquidierung der jüdischen Bevölkerung.

1. September 1941
Die Juden im Deutschen Reich müssen von nun an den gelben Judenstern sichtbar an ihrer Kleidung tragen.

7. Dezember 1941
Japan greift den US-Militärstützpunkt Pearl Harbor auf Hawaii an. Es folgt die gegenseitige Kriegserklärung.

20. Januar 1942
Wannsee-Konferenz in Berlin: Unter Vorsitz von Reinhard Heydrich wird die Organisation der „fabrikmäßigen" Ermordung der europäischen Juden beschlossen.

28. März 1942
Luftangriff auf Lübeck: Es werden 320 Tote gezählt.

16. August 1942
Janusz Korczak wird gemeinsam mit mehr als 200 jüdischen Kindern in das Vernichtungslager Treblinka gebracht und dort in den Gaskammern ermordet. Auch die Mitarbeiter seines Waisenhauses erleiden dieses Schicksal.

Im Luftschutzbunker: Rettung in letzter Sekunde

Urlaube von der Front fallen in der Regel fruchtbar aus. Die wichtigsten Lebensphasen ihrer Kinder, insbesondere die Babyjahre, erleben die Väter nur aus den brieflichen Erzählungen ihrer Ehefrauen. Mit besonderem Stolz erfüllt es viele, wenn ein „Soldat" für den Führer gemeldet wird. Aber das ist gottlob nicht überall der Fall. Nicht wenige Eltern, insbesondere die Mütter, überfällt tiefe Angst und Sorge um die Zukunft ihrer Kinder angesichts der täglichen Bombardements. Rein in den Luftschutzbunker, raus und dann wieder rein. Mit den Neugeborenen an der Brust und der Handtasche zwischen Arm und Körper eingeklemmt, müssen sie diese schrecklichen Rituale täglich viele dutzende Male durchleben.

1. bis 3. Lebensjahr

Der Ariernachweis

Nicht alle jungen Frauen werden bei ihrem Kinderwunsch von staatlicher Seite unterstützt. Klingt der Familienname jüdisch, z. B. Rosenstiel, müssen bei einer beabsichtigten Eheschließung der so genannte Ariernachweis sowie das Ehetauglichkeitszeugnis beigebracht werden. Der Ariernachweis muss vier Generationen zurückverfolgt werden, und das Ehetauglichkeitszeugnis soll bescheinigen, dass die künftige Ehefrau Kinder bekommen könne. Ist beides negativ, wird die geplante Ehe untersagt, denn die „arische Rasse" muss reingehalten werden. Für die Frauen ist die ärztliche Untersuchung mit den begleitenden Fragen eine unsägliche körperliche und seelische Qual. Das unterstreicht das folgende Zitat: „So, meine Herren, dieses Fräulein …, der Name sagt Ihnen sicher alles, hat meinen Ehetauglichkeitsbefund verworfen und versucht nun, mit einem fingierten Attest, die Ehe mit einem Arier zu erschleichen." (Kindheit und Jugend in Schleswig-Holstein, Boyens 1991, Seite 195.)

Der brennende Dom in Lübeck nach dem ersten großen Luftangriff

Bombennächte in Deutschland

Eine beispiellose deutsche Kriegsoffensive versetzt Europa in Angst und Schrecken. Zunächst sind es Österreich und Tschechien, die annektiert werden, dann erfolgt am 1. September 1939 der Einmarsch in Polen, im April 1940 die Besetzung von Dänemark und Norwegen und schließlich im Juni 1940 die Offensive gegen Frankreich und der Luftangriff auf England. Wenig später landen deutsche Truppen im Mittelmeer (1941), Jugoslawien wird erobert und der Vormarsch deutscher Truppen in der UdSSR ist nicht mehr aufzuhalten. Die Antwort lässt nicht lange auf sich warten. Die britische Luftwaffe schlägt am Palmsonntag 1942 mit einem massiven Angriff auf Lübeck zurück. 320 Tote und über 720 Verletzte sind zu beklagen. Weitere Flächenbombardements folgen.

„Der große Diktator"

Im Jahre 1940 dreht Charlie Chaplin in Amerika seinen „großen Diktator". Mit diesem Film debütiert der Stummfilmstar im Tonfilmgenre. Dieser Film lässt die Zuschauer zugleich lachen und schaudern. Er ist eine großartige Karikatur Hitlers und des Deutschen Reiches. Chaplin spielt zwei Rollen: Die des Diktators und die eines kleinen Friseurs. Diese beiden sehen einander zum Verwechseln ähnlich. Der Film ist eine Verspottung und Entlarvung des „Führers" und endet mit einer Rede des kleinen Mannes, in der er die Welt zu mehr Vernunft und Menschlichkeit aufruft.

Charlie Chaplin „Der große Diktator"

Babys ohne Väter, Väter ohne Babys

Die wichtigsten, entscheidenden ersten drei Lebensjahre eines Kindes, das Heranwachsen, die Ausbildung der Sprache, die Orientierung durch die Sinnesorgane, die familiäre Einbindung – alles das, was in normalen Zeiten von Eltern gemeinsam erfahren, geplant und getragen wird, bleibt den Vätern im

Wann kommt unser Papi?

Krieg vorenthalten. Die Last des Aufziehens und Erziehens liegt allein bei der Mutter, die, nicht selten überfordert, sich gelegentlich eines „Ersatzvaters" bedienen muss. Laufen lernen, essen lernen, sprechen lernen – dazu braucht es ständige Hilfe und Unterstützung. So mancher kriegsgefangene Pole oder Franzose leistet hier wertvolle Arbeit. Die Mütter müssen stark sein, ob sie können oder wollen oder nicht.

Es bleibt ihnen keine Wahl. Das tägliche Überlebenstraining fordert seinen Tribut. Abgearbeitet, verhärmt und verheult, um sich herum das Inferno des Bombenkrieges, ohne Hoffnung auf eine lebenswerte Zukunft, müssen sie dennoch die Tageswerke meistern. Sie haben keine Schultern zum Anlehnen, niemanden, der ihre Tränen trocknet, Sehnsüchte stillt. Und wenn, dann ist es unrecht, dann geschieht es im Verborgenen, bedrängt, belastet viel zu viele junge Seelen. Kinder kommen zur Welt, die ihre „wahren" Väter niemals kennen lernen werden. Und die, die als solche gelten, beginnen immer häufiger, Fragen zu stellen.

Ein Brief aus Norwegen

Ein Brief aus Norwegen an den kleinen Hannes (gerade ein halbes Jahr alt) daheim lautete:

Mein lieber kleiner Hannes,
nun bist Du schon ein halbes Jahr alt, und ich weiß gar nicht, wie Du aussiehst.
Deine Mutter berichtet, daß Du immer Appetit hast. Ich hoffe, daß Du einmal ein
Fußballer wirst wie Dein Vater. Einen Ball wird Dir Schuhmacher J. nähen, und
dann zielst Du auf alle Fensterscheiben in der Nachbarschaft. Ich bringe das
später schon in Ordnung, wenn ich zurück bin. Notfalls muß Deine Mutter
Kohlensäcke aus unserem Geschäft als Ersatz vor die Fenster hängen. Hoffent-
lich bin ich bald bei Euch.
Dein Vater

Viele solche und ähnliche Briefe sind in jenen Wochen und Monaten geschrieben worden. Aus ihnen sprechen Sehnsucht und Hoffnung, später überwiegen Traurigkeit und Verzweiflung. Da hat auch der letzte Frontsoldat begriffen, was die Stunde geschlagen hat. Das Marschlied „Die Welt gehört den Führenden, sie gehen der Sonne Lauf. Und wir sind die Marschierenden, und keiner hält uns auf" ist am Ende nicht mehr als ein schwacher Nachhall von Ohnmacht und Verbitterung. Soldaten im Kriegsgetümmel, an der Front, Väter in Uniform, viele von ihnen gerade erst am Beginn ihres Erwachsenwerdens und schon gezeichnet, als stünden sie am Ende eines lang gelebten Lebens, klammern sich an das Bild einer heilen Welt daheim. Anders ist ein Durchhalten wohl auch nicht möglich.

Kinder im Warschauer Ghetto

Während deutsche Jungen und Mädchen für den Krieg erzogen werden, leben die Kinder im Warschauer Ghetto in einem unbeschreiblichen Elend. Sie vegetieren unter katastrophalen sanitären Bedingungen dahin, erhalten kaum Nahrungsmittel. Am 16. August 1942 wird das Kinderheim des Warschauer Arztes und Pädagogen Janusz Korczak aufgelöst. Die Kinder, über zweihundert an der Zahl, werden nach Treblinka deportiert. Korczak geht mit ihnen, obwohl ihm bedeutet worden ist, er könne noch in Warschau bleiben. Er fühlt sich den ihm anvertrauten Kindern gegenüber verpflichtet und beschließt, sie im Tode in die Gaskammern zu begleiten. Ein erschütterndes und zugleich hoffnungsfrohes Dokument seiner Arbeit hat er uns in seinem Buch „Wie man Kinder lieben soll" hinterlassen. Hierin fordert er folgende Recht für Kinder:

- Das Recht des Kindes, so zu sein, wie es ist.
- Das Recht des Kindes auf diesen Tag.
- Das Recht des Kindes auf den Tod.

Erschütternd ist dieses Dokument, weil es schonungslos den „Antimenschen" in Gestalt der SS-Schergen offenlegt. Hoffnungsfroh, weil es Menschen wie Korczak gegeben hat und immer geben wird. In diesem Zusammenhang müssen auch die Widerstandskämpfer genannt werden.

Panzer als Weihnachtsgeschenke

So mancher Junge wird sich noch an sein „schönstes" Weihnachtsgeschenk erinnern – einen Panzer mit einer Kanone, auch für die Kleinen leicht zu bedienen. Ein Spielzeug so ganz nach dem Geschmack der politischen Kaste. Unter dem geschmückten Tannenbaum, auf dem Bauch liegend, bei Kerzenlicht und Weihnachtsmusik spielen Väter auf Heimaturlaub mit ihren Söhnen „Panzerschießen".

Noch ist es nur ein Spiel

Der Minipanzer hat kleine Ketten aus dickem Gummi, die über die Räder laufen. Angetrieben wird er durch eine Feder, die, wie bei anderem Spielzeug

9

1. bis 3. Lebensjahr

auch, mit einem Schlüssel aufgezogen wird. Wie aufregend, wenn er alle Hindernisse spielend überwindet und dabei unablässig schießt. Nicht so richtig. In dem Turm unter der Kanone dreht sich nämlich ein Feuerstein, der Funken versprüht. Wer richtig schießen will, muss den Panzer mit einem Rohr versehen, in dem ein Blechkolben mit einer Feder angebracht ist. Wenn man vorne Erbsenkörner reinlegt, braucht man nur an der Feder zu ziehen, und schon ist ein „feindlicher" Panzer abgeschossen. Die besseren, teureren, haben schon einen originären Motor mitsamt Kanone, auch sind Maschinen-gewehre angebracht, die von Soldaten bedient werden. Soldaten für den Führer – hier werden sie schon im zarten Kindesalter nach allen Regeln der Kunst dazu erzogen.

Mit einem Flitzbogen auf Jagd

Schießen kann man auch ohne Panzer und Maschinengewehr lernen, zum Beispiel mit einem Flitzbogen aus Weide und Sackband. Schon früh lernen die Jungen auf dem Lande, damit umzugehen. Das ist männlich, das macht stark. Geschossen wird auf alles, was sich bewegt, und das ist auf einem Bauernhof eine Menge: Enten, Gänse, Hühner, Hunde, Katzen, manchmal auch Ferkel. Oftmals ist das Schießen für den Schießenden gefährlicher als für die Vögel und Eichhörnchen in den Bäumen. Getroffen wird selten, dafür kommen die Pfeile aus Reet, versehen mit einem schweren Kopf aus Holun-derholz, häufig von oben wieder herunter und stellen eine nicht unerhebliche Verletzungsgefahr für die kleinen Schützen dar. Das ändert sich mit dem Spielgewehr. Das hat einen Bolzen und einen Pfeil mit einem Saugnapf aus Gummi. Nur kann man damit nicht einmal die Hühner auf einem Misthaufen erschrecken.
Die nächste, anspruchsvollere Jagdstufe wird mit dem „Tesching" erreicht. Nun darf auf Kaninchen geschossen werden, die man in den Knicks und dem Gestrüpp des Unterholzes ausmacht. Spatzen, Stare und Ratten dürfen es gelegentlich auch sein. Die Väter, sofern sie nicht anderweitig mit dem Schießen beschäftigt sein müssen, geben erste Anleitungen. Noch sind es nur Kaninchen. Bald wird der Franzose, der Engländer, der Russe an ihre Stelle treten.

Prominente 1940er

9. Jan. **Ruth Dreifuss**,
*Schweizer Politikerin,
erste Bundespräsidentin*

19. Jan. **Paolo Borsellino**,
*italienischer Richter
und „Mafia-Jäger"*

24. Jan. **Joachim Gauck**,
deutscher Bundespräsident

23. Feb. **Peter Henry Fonda**,
*US-amerikanischer
Schauspieler und Filmregisseur*

7. März **Rudi Dutschke**,
*deutscher Soziologe
und Studentenführer*

25. April **Al Pacino**,
*amerikanischer Schauspieler,
Regisseur und Produzent*

John Lennon

Nancy Sinatra

8. Juni **Nancy Sinatra**,
*amerikanische Sängerin
und Schauspielerin*

19. Juni **Rainer Langhans**,
deutsche Symbolfigur der 68er

7. Juli **Ringo Starr**,
*britischer Schlagzeuger
der „Beatles"*

27. Juli **Pina Bausch**,
*deutsche Tänzerin
und Choreografin*

9. Aug. **Marie-Luise Marjan**,
deutsche Schauspielerin

27. Sep. **Rudolph Moshammer**,
deutscher Modemacher

9. Okt. **John Lennon**,
*britischer Musiker,
Gründer der „Beatles"*

23. Okt. **Pelé**,
brasilianischer Fußballspieler

5. Nov. **Elke Sommer**,
deutsche Schauspielerin

1. bis 3. Lebensjahr

Leben
mit der Angst

Kriegserinnerungen eines 40ers

Ein Zeitzeuge berichtet über seine Kindheit: „Ich wurde im Jahr 1940 geboren. Die deutsche Kriegsexpedition nach Dänemark und Norwegen, das Unternehmen ‚Weserübung', war in vollem Gange. […] Das Schlimmste aber waren die Bombennächte, denn 1943 setzten im gesamten Deutschland auf fast alle Städte verstärkte Bombardierungen ein. Schon wenn die Sirenen mit ihren schaurigen Alarmwarnungen tönten, sträubten sich meine Haare und waren nicht mehr durch einen Kamm zu bändigen, übrigens, meine Nackenhaare sträuben sich heute noch bei dem geringsten Sirenenton einer harmlosen Feuerwehrübung. Wurden wir vom Bombenalarm überrascht, gingen wir in unseren stabilen und fast bombensicheren Keller. Meistens aber fuhr meine Mutter, Vater musste in der Kaserne bleiben und die Luftabwehr organisieren,

Chronik

14. Januar 1943
Als der Film „Münchausen" mit Hans Albers in die deutschen Kinos kommt, erhält Erich Kästner für Deutschland und das Ausland Schreibverbot.

31. Januar 1943
Die 6. Armee kapituliert in Stalingrad.

18. Februar 1943
Verhaftung der Geschwister Hans und Sophie Scholl („Die weiße Rose").

6. Juni 1944
Die Alliierten landen in der Normandie.

20. Juli 1944
Das Bombenattentat der Widerstandsgruppe um Oberst von Stauffenberg auf Hitler scheitert.

15. Dezember 1944
Der Hans-Albers-Film „Große Freiheit Nr. 7" wird von Goebbels in Deutschland verboten.

27. Januar 1945
Befreiung des KZ Auschwitz durch die „Rote Armee".

14. Februar 1945
Zerstörung Dresdens durch die Royal Air Force und die US-Luftwaffe.

März 1945
Wenige Wochen vor der Befreiung stirbt Anne Frank im Konzentrationslager Bergen-Belsen an Typhus.

7./8. Mai 1945
Bedingungslose Kapitulation Deutschlands.

17. Juli 1945
Potsdamer Konferenz: Das Potsdamer Abkommen legt die Demokratisierung, Entmilitarisierung, Entnazifizierung, Dekartellisierung und Dezentralisierung Deutschlands fest. Die Regierungen der vier Siegermächte übernehmen die „Oberste Regierungsgewalt in Deutschland" und teilen Deutschland in vier Besatzungszonen auf.

6./9. August 1945
Der Abwurf von Atombomben auf Hiroshima und Nagasaki durch die USA fordert hunderttausende Menschenopfer und zwingt Japan zur Kapitulation.

Glücklich, wer ein eigenes Dreirad hatte

mit mir auf dem Fahrrad etwa 500 Meter zu einem bombensicheren Betonbunker im benachbarten Wohnviertel. Wir schliefen daher des Nachts meist halb angezogen in Trainingsklamotten. Schnell waren Schuhe, Jacke und Mütze übergestreift und das bereitgestellte Handgepäck in einem Rucksack aufgenommen. Ich kam auf den Kindersitz des Fahrrades, und im Stockdunkeln, Beleuchtung war verboten, ging es so schnell wie möglich im Schritt zum Bunker. Dort zwängte man sich in einen der engen Schutzräume und brauchte nicht lange zu warten, dann ging der höllische Tanz los. Fielen die Bomben in der Nähe, dann tanzte der etwa 20 mal 20 Meter breite und 10 Meter hohe Betonkoloss von mehreren

4. bis 6. Lebensjahr

Schutzraum 2
50 Personen
...uhe bewahren!
...uchen verboten!

1000 Tonnen Gewicht wie ein Pappkarton. Die Frauen und Kinder fingen an zu weinen und zu schreien, viele übergaben sich oder verrichteten ihre Notdurft in ihren Kleidern bzw. unter sich. Ein schrecklicher Gestank zog durch die düsteren Räume. Ich schaute immer nur meine Mutter an, wie sie mir später berichtete. Sie war eine tapfere Frau und verzog keine Miene, so dass ich während unserer Bunkerbesuche immer still und ruhig blieb."

Der Kessel von Stalingrad – Das Sterben der 6. Armee

Die Schlacht um Stalingrad wird zum Wendepunkt des Krieges. Hitlers Kreuzzug gegen die „internationale Verschwörung von Kapitalismus, Plutokratie und Bolschewismus" soll in Stalingrad erfolgreich abgeschlossen werden.
Doch die Russen weichen den deutschen Heeresgruppen geschickt aus. Anfang Oktober 1942 sind die 6. Armee und die 4. Panzerarmee von drei Seiten umzingelt. Über zwei Monate währt der Kampf um jede Straße, um jedes Haus. Zweihundertfünfzigtausend Soldaten im Kessel, schlecht ernährt und ohne Nachschub an Waffen und Munition, vertrauen den Durchhalteparolen des Führers.
Am 31. Januar und 1. Februar 1943 kapitulieren die Deutschen. Zirka 150 000 Soldaten kommen elendig um, 91 000, völlig erschöpft und unterernährt, gehen in die Gefangenschaft.

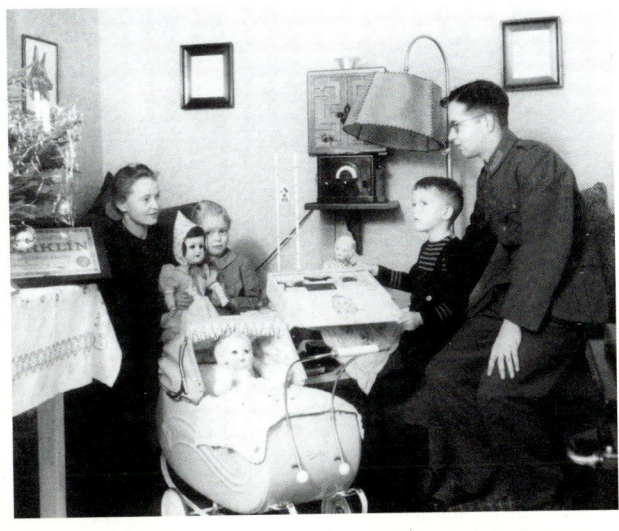

Weihnachten 1944

Deutschland zerbombt,
die Väter an der Front
oder tot, die Ernährungs-
lage katastrophal und
Weihnachten steht vor der
Tür. Zu kaufen gibt es
nichts, und die Kinder sollen doch beschenkt werden. Einfallsreichtum ist in
dieser Zeit gefragt. Aus Sacktau werden Puschen gehäkelt und die Sohlen aus
dicken Flicken von alten Mänteln und Hosen genäht. Pullover werden aufgerib-
belt und mit anderen Fäden verstärkt, und altes Spielzeug, das noch auf dem
Boden liegt, wird wieder ein bisschen aufgemöbelt. Hier wird ein Bein bei
einem hölzernen Pferd und dort ein Arm bei einer ramponierten Puppe ange-
lascht. Manchmal tut es auch einfach nur ein anderer Farbanstrich. Bei aller
Not: Der Geruch von Weihnachtsplätzchen, von Äpfeln und Nüssen und
Honigkuchen zeigt an: Auch dieses Jahr gibt es wieder Weihnachten. Der
Weihnachtsmann kommt wie jedes Jahr nach dreimaligem Läuten, die Kinder
müssen ein Gedicht aufsagen und Weihnachtslieder singen und es gibt einen
Weihnachtsbraten. Wie sich später herausstellt, aus Pferdefleisch. Weihnach-
ten ist auch durch die größte Katastrophe nicht totzukriegen, mag auch der
Tannenbaum schief und krumm wie ein alter Kaninchenbock sein.

Der Waschtag: Zuerst die Wäsche und dann wir

Der große, aufregende Tag für die gesamte Familie – in diesem Fall sechsköpfig –
ist der Samstag. Waschtag! Schon früh am Morgen ist Mutter dabei, den Waschkessel zu heizen. Aufregung und Anstrengung pur. Jede Menge Holz, Torf und
sonstiges Brennbares wird herangeschleppt und pausenlos verfeuert. Endlich ist
es so weit. Berge von schmutziger Wäsche werden in heißes Wasser gestopft

und gekocht. Die Kinder müssen mithelfen, wenn die Wäsche zunächst über ein Waschbrett geriffelt, dann gespült und schließlich mit großer Kraftanstrengung ausgewrungen wird.

Der Waschkessel muss mehrfach mit Wasser aus der hauseigenen Pumpe nachgefüllt und Brennbares nachgelegt werden. Wenn diese Arbeit zu Mittag erledigt und die Wäsche zum Trocknen auf Hanf- oder Sisaltauen aufgehängt ist, beginnt für die Kinder die eigentliche Waschprozedur. Warmes Wasser ist größtenteils nur für einen, höchstens zwei Waschgänge vorhanden, sodass man in der kleinen Emaillebadewanne mit der Brühe der Vorgänger vorliebnehmen muss. Mutter seift ab, mit Kernseife. Das wird klaglos hingenommen, denn das Schönste ist hinterher die Wasserschlacht: Das Planschen und Spritzen mit lautem Lärmen und Juchheien. An warmen Sommertagen gibt es auf dem Hof die kalte „Familiendusche" aus einer alten Zinkgießkanne. Alle haben ihren Spaß, und abends geht es wieder schmutzig in die Betten. Nur der nächtliche Bombenalarm stört diese Idylle.

Samstag ist Waschtag

„Schlagsahne" und „Karamellbonbons"

Kindergeburtstage ohne Naschkram? Undenkbar. Woher nehmen und nicht stehlen? Omas und Mütter wissen immer Rat. Schnell ist ein leckerer Nachtisch gezaubert, und das geht so: Aus einem Heißgetränk, einem undefinierbaren, roten Gebräu mit ein wenig Aroma versehen, wird „Himbeerpudding" gekocht, und dazu gibt es „Schlagsahne". Das ist Magermilch, manche nennen sie „Blaumilch" wegen ihrer bläulichen Farbe, mit Mehl gekocht und mit ein wenig Süßstoff versehen. Das Ganze wird dann wie Schlagsahne geschlagen. Und den Kindern schmeckt es auch so.

Auch Haferflocken sind für eine Inspiration gut. Man benötigt eine Pfanne auf heißem Herd, Flocken, Zucker und Milch und verrührt das Ganze ständig, bis es bräunlich anläuft. Die einzelnen Klümpchen schmecken wie Bonbons. Ähnlich, nur ohne Haferflocken, wird der Karamellersatz hergestellt. Die benötigte Hitze auf dem Kohleherd wird durch eine Anzahl von Eisenringen, die mithilfe eines Feuerhakens je nach Topfgröße hin- und hergeschoben werden, reguliert.

Das können die Kinder inzwischen allein bis zur Perfektion und trotz der besorgten Nachfrage des Vaters in einem Weihnachtsbrief aus Norwegen unter der Feldpostnummer 484: „Liebe Emmi und Kinder. Mir geht es gut. Ich hoffe, Euch auch. Wie Du im letzten Brief schriebst, gehen Dir die Kinder im Haus gut zur Hand. Können sie inzwischen ihre ‚Bonsches' allein herstellen? Der Weihnachtsmann wird sicher auch in diesem Jahr fleißig sein. Liebe Grüße, Euer Vater."

Frauen und Mütter

Wir sehen sie daheim in den zerbombten Wohnungen, in den Trümmern zwischen Schutt und Asche, auf dem Lande mit der Last der Arbeit von früh bis spät, mit allen Entscheidungen alleingelassen, vor allem bei der Erziehung. Wir sehen junge alte Frauen, abgearbeitet, verhärmt, ahnen das Meer nächtlicher Tränen und spüren zugleich in dem Heute Anzeichen von Kraft, Mut und Zuversicht für das Morgen – wenn die Männer wieder zurück sind. Das Einzige, was Männer und Mütter, Männer und Frauen in diesen Tagen verbindet, sind die Briefe mit einer Feldpostnummer, die nur das Spärlichste an Gefühlen verraten dürfen.

Mutter und Sohn packen ihr Luftschutzgepäck zusammen

Kinder aufs Land

Kindheit in diesen Tagen und Nächten bedeutet nicht nur Hunger und Angst vor Bombenalarm. Bis zum Ende des Zweiten Weltkrieges werden bis zu 6 Millionen Jungen und Mädchen auf Anordnung Hitlers in ländliche Räume verschickt. Eine der größten Binnenwanderungen der Geschichte vollzieht sich mit 20 000 Sonderzügen in 10 000 Lager, die Mütter mit Kleinkindern über Monate hinaus aufnehmen. Kinder über zehn Jahre kommen in so genannte Pflegefamilien, manchmal auch klassen- oder schulweise in eigens dafür hergerichtete Sammellager. Als gesundheitlich bedingte Ferienreisen werden diese Maßnahmen begründet, ganz im Sinne der Naziideologie. Die Kinder sind so dem Einfluss der Eltern entzogen, und durch die Freistellung der Mütter von der Erziehung der älteren Kinder kann der Bedarf an Arbeitskräften in der Rüstungsindustrie vorübergehend gedeckt werden. Bis 1943 ist die Teilnahme an der Verschickung freiwillig, dann entwickelt sie sich mehr und mehr zu einer Zwangsmaßnahme, die vielerorts auch als „Kinderlandverschleppung" gegeißelt wird. Manche Kinder erleben diese Zeit als aufregend und abenteuerlich, die meisten leiden jedoch unter Heimweh und liebloser Behandlung durch die Lagermannschaftsführer, auch respektlos „Lamafü" genannt. Untergebracht sind sie größtenteils in Schulgebäuden, Gastwirtschaften oder Jugendherbergen, verstreut über die Gaue Bayrische Ostmark, Mark Brandenburg, Oberdonau, Sachsen, Schlesien, Sudetenland, Thüringen, Wartheland und Ostland. Die letzten Lager werden erst im April 1945, also kurz vor Beendigung des Krieges, geräumt.

Mütter fahren mit ihren Kindern in die Landverschickung

Die Flüchtlinge kommen

Flüchtlinge nach ihrer
Ankunft auf dem Heider Bahnhof

Völlig unvorbereitet, teilweise bei Nacht und Nebel, sehen sich Tausende und Abertausende von Familien in Schleswig-Holstein dem Ansturm von nicht enden wollenden Flüchtlingstrecks gegenüber. Es sind die ersten Monate des Jahres 1945. Welch eine Aufregung! Die Bürgermeister der Dörfer haben die Aufgabe, die verzweifelten, ausgehungerten und halberfrorenen Menschen aus Ostpreußen und Pommern auf die vorhandenen Wohnungen zu verteilen. Kinder müssen noch in der Nacht ihre Schlafräume verlassen und zu den Eltern ziehen. Gelingt die Verteilung nicht, weil Widerstand geleistet wird, muss Gewalt angewandt werden. Vorübergehend werden Schulräume und Gasthöfe, hier vor allem die Säle, zu Schlafstätten umgewandelt. Das ist besonders schwierig, weil es in diesen Räumen keine Heizmöglichkeiten gibt. Die Frauen in den Dörfern wissen sich zu helfen. Sie streuen Stroh auf den Boden des Saals im Dorfkrug und sammeln Betttücher, Wolldecken und Kindertücher ein, so wird aus einem Dorf berichtet. Für die Ernährung werden Schinken- und Speckreste in einer Haus-zu-Haus-Aktion gesammelt und dann in einem großen Waschkessel mit weiteren Zutaten zu einer Gemüsesuppe gekocht.

Was da nicht alles aus den Planwagen hervorlugt: Verhärmte Gesichter, abgerissen an Kleidung und Seele, schreiende Babys, Federvieh, Hunde und Katzen und jede Menge Andenken. Die Kinder des Dorfes begreifen erst später das ganze Leid dieser Familien. In der Nacht, als sie kommen, sind sie Invasoren, stören. In den kommenden Tagen und Wochen zunächst misstrauisch beäugt, werden die Fremden schnell zu wertvollen Helfern in Haus und Hof. Die Erwachsenen machen sich vor allem bei der Ernte nützlich, die Kinder sind bald unentbehrliche Spielkameraden. Es ist eine für beide Seiten fruchtbare „Durchmischung", die hier stattfindet, im menschlichen wie im kulturellen Bereich. Hier und dort entstehen Literaturzirkel, und Hausmusikabende machen die Runde. Thomas Mann, Schubert, Beethoven und Mozart zugleich in der Provinz, wann hat es das jemals zuvor gegeben. So wird norddeutschen Dorfbewohnern die Welt erschlossen. Aber nicht nur ihnen.

4. bis 6. Lebensjahr

Weiße Rose

Als Joseph Goebbels am 18. Februar 1943 im Berliner Sportpalast den „totalen Krieg" fordert, werden die Geschwister Hans und Sophie Scholl in der Münchener Universität verhaftet. Sie sind gerade dabei, Flugblätter der „Weißen Rose" zu verteilen. Darauf heißt es: „Hitler redet vom Frieden und rüstet zum Krieg. Soll es wieder Millionen Tote geben? Soll Deutschland verwüstet werden? Sichert den Frieden! Macht Schluß mit der Hitlerei! Nur Hitlers Sturz schafft Freiheit und Brot. Ein Verbrechertum kann keinen deutschen Sieg erringen ... Mit mathematischer Sicherheit führt Hitler das deutsche Volk in den Abgrund ... Trennt euch rechtzeitig von allem, was mit dem Nationalsozialismus zusammenhängt."

Am 22. Februar findet unter Vorsitz des berüchtigten Präsidenten des Volksgerichtshofes, Freisler, der Prozess gegen die Geschwister Scholl und ihren Freund Christoph Probst statt. Die Angeklagten werden zum Tode verurteilt und am gleichen Tag hingerichtet.

Heute hier, morgen dort

Nicht alles ist rosig, was das Zusammenleben von Flüchtlingen und Einheimischen angeht. Die einen werden als „Polacken und Habenichtse" beschimpft, die lieber dorthin verschwinden sollten, wo sie hergekommen sind. Manch andere Verhöhnung gipfelt in dem Satz: „Ja, von diesem Polackenvolk hat jeder ein Rittergut besessen, dabei waren sie arm wie die Kirchenmäuse."

Und wieder andere finden eine dauerhafte Wohnung erst im fünften oder sechsten Anlauf. Gerade eingelebt, müssen sie schon bald zu dritt das acht bis neun Quadratmeter große Zimmer wieder verlassen, weil der Vermieter, ein ehemaliger SS-Mann, die Familie schikaniert.

Das nächste Provisorium in einer Baracke ist nun schon zwölf Quadratmeter groß, dafür muss auch der Vater, der überraschend aus der Gefangenschaft zurückgekehrt ist, in dem Zimmer mit unterkommen. Immerhin gibt es hier eine Wasserleitung, der Ausguss ist auf dem Flur.

Die Nachricht, dass die ältere Schwester soeben aus Polen ausgewiesen worden ist, bringt neue Probleme. Zwei Personen müssen nun auf einem Sofa schlafen, die anderen auf dem Fußboden. Auseinandersetzungen gibt es immer wieder mit den Vermietern. Der Umzug in eine neue Bleibe ist die Konsequenz, die Angst, auch hier wieder ausgewiesen zu werden, zieht mit ein. Bad und Küche der Vermieter benutzen? Tabu. Und wenn es doch einmal jemand während der Abwesenheit versucht, muss er mit Sanktionen besonderer Art rechnen. Auch in der Schule hört man gelegentlich: „Ach ihr, ihr kommt doch daher, wo die Wölfe sich gute Nacht sagen."

Wer hat Angst vor dem …

Die Angst ist in den Tagen und Nächten nach Beendigung des Krieges in der englischen Besatzungszone, zu der u. a. Schleswig-Holstein und Hamburg gehören, ein ständiger Begleiter. Wer weiterhin „schwarz schlachtet", Schnaps brennt und die Zeiten des Ausgehverbotes missachtet, muss mit abendlichen und nächtlichen Kontrollen rechnen. Auch hört man gelegentlich Schießereien. Tägliche Verhöre auf der Wache sind die Regel. Wer es wagt, die britische Flagge, den Union Jack, vom Fahnenmast herunterzuholen, kann mit dem Tode bestraft werden. Die Maßnahmen sind rigide. Sie fahren mit Panzern vor, die englischen Offiziere, reißen

Traumata durch die Bombennächte, unter denen die Kinder leiden, überdauern den Krieg

ohne Vorwarnung die Türen auf und brüllen, mit nur geringen Deutschkenntnissen, den verschüchterten Bewohnern ihre Befehle entgegen. Nachdem die Militärregierung jedoch erkannt hat, dass sie sich auf die gebliebene deutsche Kommunalverwaltung verlassen kann, weil sie die Hauptlast der bei der Bewältigung der Flüchtlingsströme entstandenen Probleme zu lösen hat, zieht sie sich schnell zurück. Langsam weicht in der Bevölkerung die Angst und Normalität setzt ein.

4. bis 6. Lebensjahr

Wir lassen uns nicht unterkriegen

Die Schule hat uns

Schule – Erinnerungen an Rohrstock und Züchtigung werden wach, später natürlich auch an Begegnungen von Freundschaft, Zuneigung, Liebe, Geborgenheit, von Hoffnung, Können und Zuversicht.

Zunächst soll der Jahrgang 1940 im April 1946 nach einem verordneten freien Schuljahr eingeschult werden. Da sitzen sie nun, 60 und noch mehr an der Zahl, zusammengepfercht in einem schmucklosen Klassenraum, doppelt so viel wie in späteren Jahren, die Hälfte Flüchtlingskinder mit Biographien, die sich den anderen später erst erschließen. So mancher ist schon ein „Alter", mit allen Wassern gewaschen, was das Schnorren und Stibitzen anlangt. Gekloppt und geklaut wird, was das Zeug hält. In der Schule ist es warm, in der Schule gibt es was zu essen, die Schulspeisung, und das allein macht sie attraktiv. Prügel und andere

Chronik

10. Januar 1946
In London wird die erste UNO-Volksver-
sammlung eröffnet.

6. Juni 1946
Gerhart Hauptmann, 1912 mit dem
Nobelpreis für Literatur ausgezeichnet,
stirbt im Alter von 83 Jahren.

1. Oktober 1946
Urteilsverkündung im Nürnberger Prozess
gegen die Hauptkriegsverbrecher.

14. November 1946
Hermann Hesse erhält den Nobelpreis
für Literatur.

4. Januar 1947
„Der Spiegel" erscheint erstmalig.

25. Januar 1947
Al Capone, der italo-amerikanische
Gangsterboss, stirbt im Alter von 48 Jahren.

5. Juni 1947
Verkündung des „Marshallplanes" zum
Wiederaufbau Europas.

14. Mai 1948
Gründung des Staates Israel.

20.–23. Juni 1948
Währungsreform: 40,– DM für jeden Bürger.

29. Juli 1948
Die 14. Olympischen Sommerspiele werden
ohne Deutschland und Japan in London
eröffnet.

12. Mai 1949
Die Berliner Blockade wird beendet.

23. Mai 1949
Feierliche Verkündung des Grundgesetzes.

20. September 1949
Vereidigung der ersten frei gewählten
Regierung mit Konrad Adenauer als
Bundeskanzler, Bundespräsident ist
Theodor Heuss.

7. Oktober 1949
Gründung der DDR. Der Nationalrat
bestätigt die Verfassung vom Mai 1949 und
proklamiert die DDR als Staat.

Aufmerksame Jungen
in einer Hamburger Schulklasse

Schulstrafen, Rituale aus einer anderen Zeit, werden z. T. klaglos hingenommen, auch der Schichtunterricht wochenweise im Wechsel vor- und nachmittags. Wer erinnert sich nicht an jenes reaktivierte Fräulein W. aus Ostpreußen, immer schwarz gekleidet mit stets beleidigter Miene, das einem solchen „chaotischen Haufen" Lesen, Rechnen, Schreiben und Heimatkunde beibringen soll? „Land der dunklen Wälder und kristallenen Seen", dieses schöne ostpreußische Lied sollen sie singen lernen. Ein jämmerliches Krächzen und Kreischen kommt heraus bei den willigen, die anderen liegen unter den Bänken, spielen Murmeln, tauschen Edeka-Bilder oder drehen Zigaretten aus den aufgesammelten Kippen. Der Rohrstock ist dann oft „der pädagogischen Weisheit letzter Schluss". Am 12. Juni 1947 sprechen sich 60 % der bayerischen Eltern für die Wiedereinführung der Prügelstrafe an den Schulen aus.

Zerstörung des Unterlandes

Der „Big Bang" – Bomben auf Helgoland

Helgoland mit seinem Wahrzeichen „Lange Anna" ist in die Nachkriegsgeschichte eingegangen als unerhörtes Fanal von Freiheitsliebe und zivilem Ungehorsam. Was ist geschehen?

Dieses in aller Welt bekannte nationale Symbol solltte gesprengt werden. Nach der verheerenden Bombardierung vom 18. April 1945 wird die Bevölkerung evakuiert, die Insel für Übungsflüge der Bomberflotte der Royal Air-Force freigegeben. Am 18. April 1947, dem 2. Jahrestag des Bombardements, ist es so weit. Um 13.00 Uhr mittags ertönt aus dem Sender der BBC das Zeitzeichen, und im selben Augenblick löst der Kabelleger „Lasso" die größte, nicht atomare Sprengung der Weltgeschichte aus. Eine wüste Kraterlandschaft bleibt zurück, nur der Flakturm übersteht die britischen Bombardierungen. Die Insel soll, so der Plan der Briten, nicht mehr besiedelt werden. Anfang der 50er-Jahre wird jedoch dem Druck der Heimkehraktivitäten stattgegeben. Am 1. März 1952 wird die Insel für die Wiederbesiedlung durch Ministerpräsident Lübke wieder freigegeben. Helgoland gilt als Beispiel für Mut, Zuversicht und Weitsicht in den Nachkriegsjahren.

Bombenabwurf aus der Sicht eines britischen Bomberpiloten

Elf „Männer" und ein Ball

Not macht erfinderisch – Spiel und Spaß

Der kindliche Spieldrang in dieser Zeit voller Entbehrungen scheint grenzenlos zu sein. Überall treffen sich nach der Schule Trauben von Jungen und Mädchen. Auf holprigem Straßenpflaster, an Litfaßsäulen, in Häuserruinen, auf dunklen Hinterhöfen und staubigen Marktplätzen wird gespielt, was das Zeug hält: Kippel-Kappel, Tick, Murmeln, Hinkepott, Springtau, Räuber und Gendarm mit dem Aufruf: „Eins, zwei, drei, vier Eckstein (Zigarettenmarke), alles muss versteckt sein", die „Meier'sche Brücke", bei der sich zwei Mädchen an den Händen halten und singen: „Die Meier'sche Brücke, die Meier'sche Brücke, sie ist so sehr zerbrochen. Wer hat sie zerbrochen? Der Wolf mit seinen Knochen. Die Erste nicht, die Zweite nicht, die Dritte wird gefangen, mit Spießen und mit Zangen."

Das Ballspiel gegen die Wand ist eine Domäne der Mädchen. Dabei wird der Ball mit Kopf, Brust und Bauch so lange gegen die Wand geprellt, bis er zu Boden fällt. Dazu gehört auch der Handstand gegen die Wand, sehr zur Freude der Jungen, die die Mädchen nicht selten mit dem Aufruf necken: „He, du kannst ja gar keinen Handstand!"

Der große Renner aber ist und bleibt der Fußball. Zunächst sind es Konservendosen als Ballersatz, dann zusammengenähte Stoffreste und Gummiringe (Weck), gelegentlich auch die getrocknete, aufgeblasene Schweinsblase,

Die Meier'sche Brücke – ein beliebtes Spiel der Mädchen

endlich der Lederball, der diesem Spiel erst die richtige Würze verleiht. Wer einen solchen Ball besitzt, ist ungekrönter Straßenkönig. Er bestimmt die Zusammensetzung der Mannschaften, die Spielregeln, die Dauer des Spiels, gelegentlich auch das Ergebnis.

Unbemerkt von diesem faszinierenden Volkssport entwickelt sich eine Sportart, die in China längst die Nr. 1 ist und die sich bei uns anschickt, dem Fußball Konkurrenz zu machen: das Tischtennis. Die Anfänge sind einfach: Man benötigt einen Küchentisch, den man in zwei Hälften aufteilt, ein Netz, zwei Frühstücksbretter und einen kleinen Gummiball, der später durch einen Zelluloidball ersetzt wird. Gezählt wird bis 21. Die Kontrahenten haben im Wechsel je fünf Angaben. Wer als Erster 21 Punkte mit einem Vorsprung von mindestens zwei Punkten erreicht, hat den Satz gewonnen. Gespielt wird auf zwei Gewinnsätze. Die Netze, ca. 15 cm hoch, werden von Mutter und Oma gehäkelt.

Auf dem Lande wird ausgiebig Schlagball, Faustball und Handball gespielt, vornehmlich von den größeren Jungen.

Das Spiel lenkt, wenn auch nur für kurze Zeit, von den traumatischen Erlebnissen des Krieges ab.

Frieren, hungern, tauschen

Der Winter 1947– unvergessen. Sibirische Kälte – z. T. unter -20° C – hat Land und Leute erstarren lassen. Der Atem gefriert fast schon in den Lungen. Die Bettdecken sind steifgefroren. Nachttöpfe und Fensterscheiben zieren wundervolle Eisblumen. Kinder und Erwachsene fürchten sich vorm Schlafengehen. Kohlen werden rationiert. Meistens sind die Waggons mit den Briketts aus Senftenberg (SBZ) halb leer, wenn sie den Bestimmungsbahnhof erreichen. Die Schlachten um diese heißbegehrten Wärmespender sind unvorstellbar, enden nicht selten tödlich. Arme, Kranke und Schulen werden bevorzugt versorgt. Bei den Kohlenhändlern geht der „Kohlenklau" um, in den Gehölzen und Wäldern beginnt der Kahlschlag. Zudem ist die Ernährungslage katastrophal, wie es in einem Plakat der britischen Militärbehörde (siehe Kasten) heißt. Täglich sterben Tausende an Unterernährung und Typhus, vornehmlich Kinder. Deutschland stehe auf dem niedrigsten Versorgungsstand seit 100 Jahren, erklärt der frühere US-Präsident Herbert Hoover und fordert die Amerikaner und Briten auf, je 475 Mio. Dollar bis Mitte 1948 zur Beschaffung von Nahrungsmitteln zur Verfügung zu stellen. „Wenn die westliche Zivilisation in Europa überleben soll, muss sie auch in Deutschland überleben." Die Wohnungsnot ist durch die schrecklichen Winter zusätzlich verschärft. In Hamburg z. B. sind mehr als 200 000 Flüchtlinge, Ausgebombte und Vertriebene behelfsmäßig in Lagern, Bunkern, Nissenhütten, Kellern und Lauben untergebracht. Es gibt kaum Material zum Bauen oder zum Instandsetzen. Im Übrigen belegen die Besatzungsmächte Wohnungen und Büros für ihr Personal. Dennoch dauert die kritische Ernährungslage in Westdeutschland an. Die täglichen Lebensmittelrationen liegen für Normalverbraucher zwischen 1185 Kalorien in Schleswig-Holstein und 1400 in Württemberg. Das sind umgerechnet zwei Kartoffeln, drei Scheiben Brot, ein Esslöffel Nährmittel, eine Scheibe Käse, zehn Gramm Fett und ein Teelöffel Malzkaffee pro Tag. Schwerarbeiter im Ruhrgebiet erhalten 4000 Kalorien pro Tag. Der Landbevölkerung geht es erheblich besser, denn sie kann sich zu einem großen Teil selbst versorgen, auch dank der Möglichkeit des „Schwarzschlachtens", was unter verschärfter Strafe steht. Die ausgemergelten Städter wissen, wo Barthel den Most holt.

Ein reger Tauschhandel beginnt, im Verborgenen wechseln Zigaretten aus US-Beständen und Zucker zum Schnapsbrennen gegen Eier, Speck, Schinken und andere landwirtschaftliche Produkte ihre Besitzer. Bekannte Fußballspieler aus der damaligen Oberliga Nord schießen Sonntag für Sonntag in den Dörfern ihre Tore – ja, wenn der Gegenwert in natura nur stimmt. Manchmal traben sie lustlos einher, vergeben dicke Chancen, bis aus den Reihen der Zuschauer zu hören ist: „Willy, wir erhöhen – pro Tor 20 Eier!" Für die Jungen sind sie die Idole der Zeit. Manche Freundschaft zwischen Städtern und „Landpomeranzen" hat sich so entwickelt und über die Jahre gefestigt.

Flüchtlinge, Ausgebombte und Einheimische unter einem Dach

„Wie kann das gehen?", fragt sich so mancher Großstädter. Flüchtlinge und Einheimische müssen zusammenrücken, Rücksicht aufeinander nehmen. Raum ist auch in der kleinsten Hütte, heißt das Gebot der Stunde. Biografien, wie sie unterschiedlicher nicht sein können, stoßen zusammen. Kulturen aus anderen Welten reiben einander, Dialekte vermengen sich. Am besten kommen die Kinder und Jugendlichen mit der neuen Situation klar.

Ein Zeitzeuge erinnert sich: „Ein weiteres Problem war der Umgang, bzw. das Zusammenleben mit den Flüchtlingen und Ausgebombten. Einerseits waren wir neidisch auf sie, weil sie spannende ‚stories' von der Flucht erzählen konnten, mehr Freizeit hatten als wir, denn ohne Haus und Hof waren einfach weniger Nebenarbeiten für diese Jugendlichen da. Tagsüber spielten sie bis in die Puppen Fußball, auch trieben sie sich abends länger auf den Straßen rum, was wir ihnen neideten. Ein Grund dafür waren die engen Wohnverhältnisse. Was uns ihnen gegenüber wiederum auszeichnete war die Tatsache, dass wir den ganzen Sommer über barfuß laufen durften und sie nicht. Da sie ständig Hunger hatten, hatte ich immer einen guten „Freund", dem ich meine Schulbrote im Tausch gegen Murmeln und Bilder vermachte. Mit ihren entwurzelten und unzufriedenen Eltern gab es so manchen Streit, der seinen Ursprung zumeist in den mangelhaften Lebensumständen hatte. In den viel zu

In den großen Städten fanden die Menschen Unterkunft in rasch gebauten „Nissenhütten"

kleinen und dürftig eingerichteten Wohnungen hockten Jung und Alt, Männlein und Weiblein eng zusammen, ohne dass sich der eine oder die andere mal für kurze Zeit zurückziehen konnte. Wer miterleben konnte, wie den Hunden aus ihren Hütten die Knochen entwendet wurden, damit daraus noch eine „Brühe" gezaubert werden konnte, kann das Elend jener Flüchtlingsfamilien ermessen.

Unter uns Jugendlichen standen diese Probleme nicht im Vordergrund. Wir waren bald eine verschworene Gemeinschaft. Die Flüchtlingskinder legten ihren heimatlichen Akzent ab, lernten teilweise unser Plattdeutsch und wir von ihnen Hochdeutsch. Spielerisch näherten wir einander in der Schule, als Nachbarn und während der Freizeit. In den 50er-Jahren verlor das Etikett ‚Flüchtling' immer mehr an Bedeutung und wurde daher auch immer weniger benutzt. Viele Freundschaften wurden geschlossen. Ostpreußen und Pommern wurden vertraute Landschaften, bis auf den heutigen Tag. Das Wort ‚Flüchtling' stand bei uns nicht für Anderssein, Ausgrenzung, Abgeben müssen, sondern für Solidarität, Freundschaft, Liebe und Miteinander."

Aufgenommen wie eine Tochter, das schreibt eine junge Frau im September 1945 an die Adresse ihrer Wirtsleute in Lübeck, als sie sich mit ihrem gerade geborenen Säugling um eine Wohnung bewirbt. Ein Babykörbchen ist bereits aufgestellt, als sie ihr Zimmer bezieht. Kochen darf sie selbst, eine Brennhexe, zugleich Heizofen, steht ebenfalls zur Verfügung. Als später der Ehemann aus der Gefangenschaft und zwei Kinder dazukommen, lebt man zu fünft in einem Raum von sechzehn Quadratmetern. Zu den Vermietern sagen sie Omi und Opi, und das hat viele Jahre angehalten.

Marshallplan und CARE-Pakete

Am 3. April 1948 unterzeichnet der amerikanische Präsident Harry S. Truman das Marshallplangesetz, um Kriegsschäden in Europa zu beseitigen und dort einen dauerhaften Frieden und allgemeinen Wohlstand zu erreichen. Zur Verfügung werden 4,3 Milliarden Dollar für Warenlieferungen und 1 Milliarde Dollar an Krediten bereitgestellt. Die praktische, unmittelbare Hilfe für die hungernde Bevölkerung erfolgt durch die so genannten CARE-Pakete.

„Cooperative for American Remittance to Europe", so heißt das Zauberwort dieser so dringend benötigten amerikanischen Hilfe. Das Prinzip: Menschen in Amerika packen so genannte Normpakete für Familien in Deutschland. So ein Paket wiegt 13 Kilo, und der Inhalt hat 41 000 Kalorien. Außerdem enthält es u. a. echten Bohnenkaffee und Zigaretten, manchmal auch Kleidung. Wer ein CARE-Paket bekommt, kommt sich vor, als habe er eine große Erbschaft gemacht.

Schweineschlachten und Schnapsbrennen

Sie wiegen keine 180 Pfund wie die heutigen. Es sind wohl 4–5-Zentner-Schweine, die ganze Nachbarschaften mit Koteletts, Grieben, Schmalz, Leberwurst, Kochwurst, Schinken, Presskopf, Mettwurst und Blutwurst versorgen. Der Schlachttag ist für alle ein Schlachtfest. Nein, nicht ganz, nicht für die Kinder. Sie müssen miterleben, wie das Schwein, erbärmlich quiekend, mit so genannten Schlagbolzen getötet wird und halten sich die Ohren zu. Nachdem das arme Tier in der Mitte geteilt und in zwei Hälften an einer Leiter befestigt wird, die an einer Hauswand lehnt, kommt der Fleischbeschauer und versieht die Hälften mit einem amtlichen Stempel. Das bedeutet: Frei von Trichinen. Nun erst beginnt das emsige Werkeln im Innern des Hauses. Alles, aber auch alles wird verarbeitet. Erhitzte Köpfe, aufgekrempelte Ärmel – so stehen sie an den Herden, rühren in den Töpfen herum, schmecken ab, drehen Fleisch durch den Wolf zu Hackfleisch, stopfen Wurst in ausgekochte Därme und pressen Mett-

Hausschlachtung eines Schweins

würste in feine Kunstdärme. Sie, das sind Oma, Opa, Onkel, Tante (sofern noch nachgeblieben), Mutter, die Flüchtlingsfamilien und die Kinder. Nach getaner Arbeit werden die fettigen, schmierigen Wände und Fußböden abgeseift. Die Erwachsenen feiern mit selbst gebranntem Schnaps, die Kinder spielen Fußball mit der aufgeblasenen Schweinsblase.

Das Schnapsbrennen ist ein vergleichsweise einfacher Vorgang. Zuckerrüben werden in einem Kessel gekocht, der Sud wird vergoren und dann zu hochprozentigem Schnaps gebrannt. Der wird entsprechend destilliert, in Flaschen abgefüllt und auf dem „schwarzen Markt" bis 1948 (Währungsreform) als begehrtes Tauschobjekt gehandelt. Er wird auch selbst verkostet, und das heftig, denn in diesen Nachkriegsjahren wird fröhlich und ausdauernd gefeiert. Man genießt den Tag, schaut nach vorn, das Ich steht bei vielen vor dem Wir. Ich habe überlebt, heißt das, und ich will weiterleben.

Der Alkohol mag das Überleben und Weiterleben hier und dort ein wenig erleichtert haben – in vielen Fällen ist er allerdings der Tod der ohnehin durch den Krieg brüchig gewordenen Familienstrukturen. In den verwüsteten Städten werden immer häufiger verwahrloste Kinder und Jugendliche aufgegriffen, gezeichnet von Unterernährung, Alkoholsucht und Prostitution. Für viele von ihnen ist die Zukunft bereits Vergangenheit. Erschütternde Dokumente aus dieser Zeit hinterlässt mit seinen Kurzgeschichten „Draußen vor der Tür", „Nachts schlafen die Ratten doch" u. a. der junge Dramatiker Wolfgang Borchert, der 1947 viel zu früh stirbt.

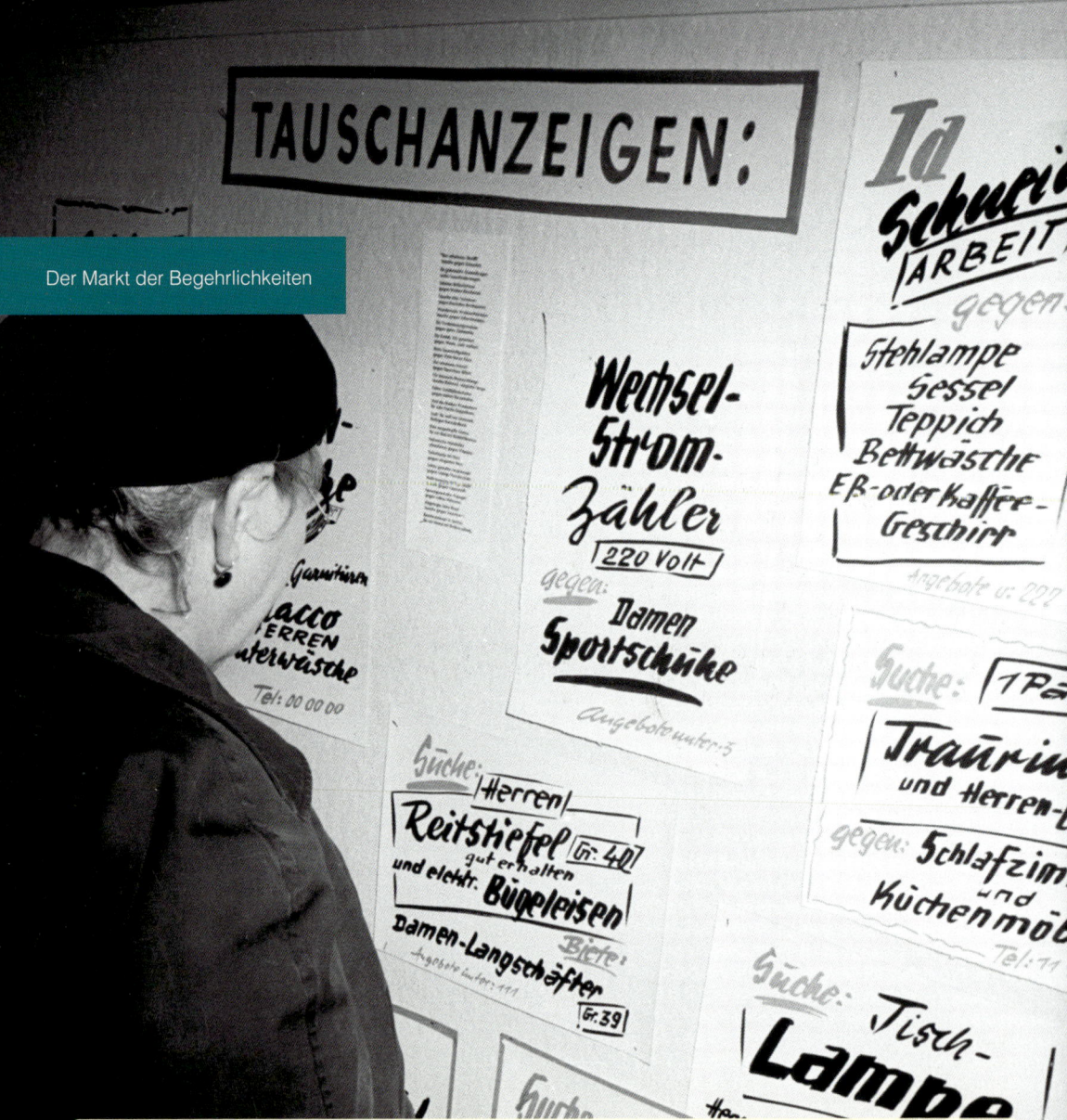

Wir lassen uns nicht unterkriegen

Zum Überleben nach dem Kriege gehört eine große Portion Egoismus, gehören auch „krumme Touren", sonst bleibt man auf der Strecke. „Krumme Touren", das heißt „Schwarzmarkt". An Stelle der Reichsmark tritt der Tauschhandel. Der „kleine Tauschhandel" blüht ebenso wie die „großen Kompensationsgeschäfte". Unauffällig gekleidete Frauen und Männer stehen an Brennpunkten des Schwarzen Marktes, in Hamburg z. B. an der Reeperbahn, und äußern flüsternd ihre Angebote und Wünsche. Selbst die ehrlichsten Menschen kommen auf Abwege, wenn der Hunger regiert. So kann man etwa Wechsel-

Eine Hand wäscht die andere

stromzähler (220 Volt) gegen Damenschuhe, Trauringe gegen Schlafzimmer, Küchenmöbel oder Tischlampen gegen Nachthemden und guterhaltene Reit-stiefel gegen elektrische Bügeleisen tauschen. Ein humoriger Dreizeiler, für 7,50 Reichsmark in einem Hamburger Geschäft als Wandspruch zu erwerben, lautet:

„Wer heut sein Leben liebt, der schiebt. Wem Ehrlichkeit im Blute rauscht, der tauscht. Wem beide Wege sind verbaut, der klaut."

Der Kölner Erzbischof Frings hat sich hierzu nicht ganz so drastisch, aber ebenso verständlich mit den folgenden Worten geäußert:

„Wir leben in Zeiten, da in der Not auch der Einzelne wird das nehmen dürfen, was er zur Erhaltung seines Lebens und seiner Gesundheit notwendig hat, wenn er es auf andere Weise, durch seine Arbeit oder durch Bitten, nicht erlangen kann."

Dieser Handel ist natürlich verboten, und so verhängen Schnellgerichte der Besatzungsmacht Geld- und Haftstrafen, so dass die Gefängnisse bald überfüllt sind. Mit der Währungsreform 1948 wird alles anders. Das neue Geld, die D-Mark, erfüllt die Hoffnung der Menschen auf ein neues, verlässliches Tauschmittel. Schnell merkt man: Es lohnt sich, für Geld zu arbeiten. Alles wird offener, transparenter. Ungeahnte Energien werden frei, im Handel, im Gewerbe, im Wohnungsbau, in Kultur und Bildung. Viele spüren: „Hurra, wir leben wieder – endlich!"

Gemeinsam packen wir's

Es geht aufwärts

Der Wiederaufbau in den zerstörten Städten ist in vollem Gange, nicht zuletzt ein Verdienst der „Trümmerfrauen". Ziegel werden aus dem Schutt geborgen, in mühseliger Arbeit vom Mörtel befreit und zum erneuten Aufmauern verwendet. Die Kinder und Jugendlichen helfen kräftig mit. Auf dem Lande entstehen die ersten kleinen Siedlungshäuser auf vergleichsweise riesigen Grundstücken (bis 2000 Quadratmeter groß). Sie sind als Selbstversorgungsgärten gedacht und kosten gerade mal 50 Pfennige pro Quadratmeter. Für den wirtschaftlichen Aufschwung und die gesamte Infrastruktur hat der Straßenbau eine große Bedeutung. Da es noch nicht genügend Maschinen

Chronik

1. Januar 1950
Fast alle Lebensmittelkarten in der Bundesrepublik werden abgeschafft.

15. Februar 1950
Alarmierend hohe Arbeitslosenzahl in Deutschland (2,018 Mio.).

8. Juni 1950
Beginn des Koreakrieges.

17. Dezember 1950
Die beliebtesten Schauspieler Sonja Ziemann und Rudolf Prack erhalten den „Bambi".

18. Januar 1951
Die nackte Hildegard Knef in „Die Sünderin" verursacht einen Skandal.

4. Januar 1952
Der NWDR (Nordwestdeutsche Rundfunk) startet die erste Versuchssendung der Tagesschau.

6. Februar 1952
Elisabeth II. wird Königin von England.

29. Februar/1. März 1952
Die Insel Helgoland wird von den Besatzungsmächten freigegeben.

26. Mai 1952
Die Bundesrepublik wird Mitglied der EVG (Europäische Verteidigungsgemeinschaft).

10. Dezember 1952
Albert Schweitzer erhält den Friedensnobelpreis.

25. Dezember 1952
Das Deutsche Fernsehen beginnt seine tägliche Ausstrahlung.

29. Mai 1953
Edmund Hillary bezwingt mit Sherpa Tensing Norgay den Mount Everest (8840 m).

17. Juni 1953
Blutiger Aufstand in der DDR gegen das SED-Regime.

6. September 1953
Konrad Adenauer gewinnt mit der CDU/CSU die absolute Mehrheit im Deutschen Bundestag.

(Walzen, Rüttler usw.) gibt, ist in hohem Maße der Einsatz von Menschenkraft vonnöten. Schaufel und Spaten sind die Insignien der deutschen Arbeitskraft in diesen Jahren. Endlich Geld verdienen heißt die Devise, warum einen Beruf erlernen. Die Zahl der ungelernten Arbeiter nimmt zu, auch unter Jugendlichen. Dennoch werden im Februar 1950 2,018 Mio. Arbeitslose gezählt. Ende 1951 geht die Arbeitslosenzahl spürbar zurück, auf 1,3 Mio. Mitverantwortlich hierfür ist u. a. die wachsende Stahlnachfrage im Koreakrieg, aber auch die einsetzende Konjunktur in der Automobilindustrie. Wer erinnert sich nicht an den „Leukoplastbomber" Lloyd LP 300 – den großen Zwerg? Mit einem Motorhubraum von 300 ccm bringt er bei 10 PS eine respektable Geschwindigkeit von ca. 70 km/h bei einem Durchschnittsverbrauch von 5 Litern auf 100 km. Es ist ein vollwertiges Automobil für zwei Erwachsene und zwei Kinder. Im Mai 1953 wird auf der Internationalen Automobilausstellung in Frankfurt der Kabinenroller von Messerschmitt vorgestellt – eine Sensation. Es handelt sich hierbei um ein Mittelding zwischen Auto und Motorroller, hat einen Hubraum von 175 m³, bietet Platz für zwei Personen, fährt 75 Stundenkilometer und kostet 2375,– DM. Und am 5. August 1955 stellt VW in Wolfsburg seinen millionsten Volkswagen vor. Konstrukteur Ferdinand Porsche ist nicht eingeladen. Seine NS-Vergangenheit mag der Grund hierfür sein.

Auch im Sport beginnen die Deutschen aus der Asche aufzusteigen, wenn auch zunächst nur vorsichtig. Vor 61 000 Zuschauern im Stuttgarter Neckarstadion schlägt die deutsche Fußballnationalmannschaft unter Trainer Sepp Herberger am 22. September 1950 die Schweizer Mannschaft mit 1:0. Einige Spieler der späteren Weltmeistermannschaft von 1954 sind schon dabei: Toni Turek, Max Morlock und Otmar Walter.

Trümmerfrauen

Überall in den Ruinen – ob in Hamburg, Bremen, Hannover oder Frankfurt – sieht man Frauen beim Trümmerräumen. Sie sitzen vor Bergen von Steinen und klopfen den Mörtel ab. Ihre Tätigkeit ist nicht ungefährlich, denn sie können jederzeit auf Geröll und Schutt ausrutschen. Auch können Mauern zusammenbrechen. Hier und da bestätigt eine schmucklose Urkunde, dass sie sich im Volkseinsatz zum Wiederaufbau verdient gemacht haben.
Ohne sie hätte es diesen so schnell nicht gegeben.

Die Teenager entdecken das neue Lebensgefühl der 50er

Die Konsumgesellschaft erwacht

Endlich, mit der Währungsreform 1948, nimmt Deutschland Abschied vom Tauschhandel, vom „schwarzen Markt", von den Lebensmittelkarten. Ein halbwegs normales Leben beginnt, bezahlte Arbeit nimmt zu, damit auch Konsumwünsche. Die Wohnungsenge, insbesondere in den Städten, in der Regel lebt man in 2 1/2 Zimmern (Wohnzimmer, Schlafzimmer, Küche), erfordert Improvisationskünste z. B. beim Möbelbau. Die ausziehbare Couch ist der Renner, tagsüber Wohnmöbel, abends Schlafstatt für die Kinder. Die Konsumbedürfnisse erstrecken sich aber in noch stärkerem Maße auf Geräte des täglichen Bedarfs wie Waschmaschinen, Kühlschränke, Bügeleisen, Staubsauger, Rasierapparate, Elektroherde und Fernseher.

Die Jugend ist erheblich beteiligt an dem neuen Lebensgefühl. Nach den zurückliegenden entbehrungsreichen Jahren will sie ausgehen, sich vergnügen, tanzen, orientiert sich am Erscheinungsbild der amerikanischen Jugend, wie sie in US-Filmen dargestellt wird. Tanzcafés und Musikboxen laden ein, die Mädchen tragen Petticoats, die Tapeten sind unverwechselbar kleingemustert, Tische und Stühle schlicht gearbeitet mit abgewinkelten Beinen. In den Wohnungen beherrschen großgemusterte Vorhänge, einfache Tapeten, gradlinige Möbel und Keramik den Gesamteindruck zwischen Sachlichkeit und Dekoration. In dieser Aufbruchsphase scheint die abstrakte Kunst wieder entdeckt zu sein. Noch zeichnet sich kein Bruch zwischen Eltern- und Jugendgeneration ab, wie später im „Muff unter den Talaren".

Volksschule oder weiterbildende Schule

Lehrer und Lehrerinnen, im Herzen z. T. Nazis geblieben, soeben entnazifiziert
wie die Kinder entlaust, und die anständig gebliebenen sollen zu einer neuen
Zukunft, zur Demokratie erziehen. Es sind Studenten, Schul- und Oberschul-
räte, Professoren der Pädagogik und Absolventen der Präparandenanstalten,
die dieses Gemeinschaftswerk vollbringen sollen. Sie erziehen zu Fähigkeiten
und Fertigkeiten, nicht zu Kenntnis, Erkenntnissen und Einsichten. Wie sollen
sie auch, steckt doch die unselige Vergangenheit als Gegenwart in Geist,
Körper und Kleidung – unentrinnbar. Wie sollen sie über Unbewältigtes sprechen, dabei nicht selten selbst Täter oder Mitläufer. So erfährt die 40er Generation nichts über den Genozid, den Holocaust, die grausamen Verbrechen
während der Feldzüge. Der Geschichtsunterricht endet oftmals bei Bismarck.
Den Rest muss man sich von außen, von Zeitzeugen und aus den ersten
zeitkritischen Veröffentlichungen besorgen. Der Deutschunterricht, von der
fünfjährigen Grundschule über die damalige Mittelschule bis hin zum Abitur auf
dem Gymnasium ist intensiv und fachlich anspruchsvoll. Das gilt im Wesentli-
chen auch für die Naturwissenschaften und die Mathematik. In Ermangelung
geeigneter Unterrichtsmaterialien steht der projektorientierte Unterricht hoch im
Kurs. „Learning by doing" ist die Devise, zu Beginn des 20. Jahrhunderts von
den Amerikanern Kilpatrick und John Dewey favorisiert.
Was wird gelesen? Hoch im Kurs stehen bei den Jüngeren die Hefte „Billy
Jenkins", „Tom Mix" und „Tom Prox", später dann „Karl May" und „Robinson
Crusoe". Auf dem Gymnasium, das nur wenige besuchen dürfen (5 % eines
Schuljahrganges), gibt es dann schon Erich Maria Remarque, Wolfgang
Borchert, Franz Kafka, Kurt Tucholsky, um nur einige zu nennen.

Die Aufnahmekriterien für weiterbildende Schulen (Mittelschule und Gymnasium) ab Klasse 5 sind streng. An drei aufeinanderfolgenden Tagen werden ein Diktat, ein Aufsatz und eine Mathematikarbeit geschrieben, gegebenenfalls gibt es eine mündliche Prüfung. Seiteneinsteiger haben keine Chance, aufgenommen zu werden. Das dreigliedrige Schulwesen ist betoniert, eine Einbahnstraße. Die Volksschule endet mit der Klassenstufe 9 und wird vom Gros aller Schüler besucht. So mancher wird am Ende von Klassenstufe 6 oder 7 nach Vollendung der Vollzeitschulpflicht entlassen. Die spätere Hilfsschule (Sonderschule) gibt es noch nicht. Sie alle werden dringend für den Straßenbau, in der Landwirtschaft und im Handwerk gebraucht. Mit 14 aus der Schule, mit 17 „Junggeselle" – das ist die Karriere der meisten Jungen. Die Mädchen machen in der Regel eine Hauswirtschafts- oder Kochlehre durch oder werden Friseurinnen oder Stenotypistinnen.

Die Mittelschule, später Realschule, ist die begehrteste Schulform. Sie vermittelt schon eine gehobenere Bildung und endet nach zehn Schuljahren mit der „mittleren Reife". Die Jungen streben nach technischen Berufen (Bauingenieur, Elektrotechniker, Kfz-Mechaniker u. a.), die Mädchen überwiegend nach sozialen wie Krankenschwester, Kinderpflegerin, Hebamme, Kindergärtnerin.

Alle Jugendlichen verbindet eines. Sie wollen raus aus der bedrückenden Enge, aus dem „Pisspott", wie es Runge in seinem „Fischer und siene Fru" so anschaulich erzählt. Non scholae, sed vitae discimus – Nicht für die Schule, für das Leben sollen die Schüler lernen. Diesen Auftrag hat die Schule jener Jahre, berücksichtigt man die widrigen Verhältnisse, gut gemeistert.

Schlüsselkinder

Die Tatsache, dass es mit der Bundesrepublik wirtschaftlich bergauf geht, hat auch ihre Schattenseiten. Immer mehr Eltern sind beide berufstätig, vor allem in den Großstädten. Die Kinder sind während der Woche größtenteils sich selbst überlassen, ohne elterliche Liebe und Fürsorge. Ein Schicksal, grau und leer, Wochentag für Wochentag. Viele Eltern sind aus einer finanziellen Notlage heraus berufstätig, andere, um den Lebensstandard der Familie noch zu erhöhen. Mitunter scheint der Luxus wichtiger zu sein als das Wohl der Familie. Wo Großeltern oder andere Angehörige mit im Haushalt leben, ist das Versorgungsproblem

Ich schaff's schon allein,
besagen beider Blicke

gelöst. Die meisten Kinder laufen jedoch als „Schlüsselkinder" herum, das sind Mitte der 50er-Jahre schätzungsweise zwei Millionen. Seelische und körperliche Verwahrlosung sind die Folgeerscheinungen, was insbesondere auch die Schulen zu spüren bekommen. In manchen Städten, wie zum Beispiel in Frankfurt, werden daher Tagesheimschulen angeboten. Hier gibt es gegen eine geringe Gebühr Essen und Betreuung sowie Beaufsichtigung bei Schulaufgaben und Spielen. Heute heißen diese Einrichtungen Ganztagsschulen und scheinen wieder genauso wichtig zu sein wie vor 50 Jahren.

Ringreiten und Kindervogelschießen

Vor Feiern und Festen müssen die Kinder auf dem Lande bei der Arbeit auf den Bauernhöfen kräftig mit anpacken. Kuh-, Schweine- und Pferdeställe ausmisten, und das z. T. vor der Schule, gehört zur täglichen Pflichtübung wie das Versorgen des Federviehs. So mancher erlernt in diesen Zeiten das Melken, das Lenken von Pferdewagen beim Einbringen der Ernte und das Reiten ohne Zaum- und Koppelzeug.
Um Johanni (24. Juni) herum – die Heuernte ist soeben eingefahren und das Korn zum Mähen noch nicht reif genug – wird das Ringreiterfest gefeiert. An diesem Festtag sind alle Dorfbewohner mit Kind und Kegel auf den Beinen, um dieses

König und Königin bei einem Festzug durchs Dorf

Ereignis aus nächster Nähe mitzuerleben. Kurz nach Mittag treffen sich die Reiter des Dorfes mit den Reitervereinen aus den Nachbargemeinden im Dorfkrug, vor sich die farbenprächtigen Standarten. Pünktlich um 13 Uhr formiert sich der Zug, und dann heißt es: „An die Pferde! Aufsitzen! Zu zweien rechts brecht ab, marsch!" Eine Blaskapelle vorweg, selten nüchtern, geht es mit Tschingderassabum durchs Dorf zum vorjährigen König, der mit Musik und entsprechender Ehrenformation zum Festplatz gebracht wird. Das Weitere ist schnell erklärt: Die Reiter galoppieren nacheinander auf eine kleine, auf Armhöhe herunterhängende Scheibe (Ring) zu, die sie, bei unvermindertem Tempo, mit einem ausgestreckten Stecken auffangen müssen. König wird, wer die meisten Ringe erzielt hat. Der „Sandriecher", also der, der vom Pferd fällt, erhält statt der Schärpe ein aus Stroh geflochtenes Band umgebunden.

Kindervogelschießen auf dem Dorf. Der künftige König hilft seiner Königin galant aus der Kutsche.

Etwa zur gleichen Zeit gibt es ein weiteres großes Vergnügen: Das Kindervogelschießen. Auch hier geht es um Königswürden. Klassenweise werden bei Wettspielen Königin und König ermittelt. Die Jungen schießen mit dem Luftgewehr auf Scheiben, während die Mädchen einen hölzernen Vogel mit beiden Händen an den Schwingen fassen und ihn dann mit dem spitzen Schnabel ebenfalls auf eine, allerdings größere, Scheibe hinuntersausen lassen. Die feierliche Proklamation des Königspaares findet am darauf folgenden Tag auf dem Festplatz statt. Nach einem Umzug durch das festlich herausgeputzte Dorf treffen sich Kinder und Eltern schließlich im Dorfkrug, wo diese aufregenden Festtage mit Tanz, Spielen und Hopsassa gegen 20 Uhr zu Ende gehen.

Freizeit zwischen Kirche und Ami-Kultur

Ein Zeitzeuge schreibt: „Die USA und die angloamerikanische Kultur standen hoch im Kurs. Für viele von uns war Amerika (Nordamerika war damit gemeint) das Land der Träume. Die ‚Negermusik' war für uns genau das Richtige, womit wir unsere Eltern schocken konnten. Der Jazz, das Kaugummi, die Nietenhosen

Micky Maus verzaubert die deutsche Jugend

Mitglieder der evangelischen Jungschar
zeigen stolz ihren Wimpel

(später Jeans), die Cowboy-Kultur, die Cowboyfilme, die Filmklassiker aus Holly-
wood und die ‚Ami-Schlitten' waren Symbole einer neuen Welt, mit denen wir uns
identifizierten. Wir brauchten Helden – einer davon war James Dean.

Aber auch die Kirche hatte in dieser Zeit einen großen Einfluss auf uns. Ab
dem Alter von zwölf Jahren waren wir in der ‚Evangelischen Jungschar' organi-
siert. Die Jugendlichen, die als ‚Pimpfe' in der Hitlerjugend die letzten Kriegs-
jahre miterlebt hatten, traten jetzt als unsere Jungscharführer auf (man beachte
den Wortteil ‚Scharführer'), unterrichteten und führten uns. Ich erinnere mich
gut an das Jahr 1953, als ich die Aufgabe hatte, einen Teil der wöchentlichen
Zusammenkunft im Pastorat zu gestalten. Dazu hatte ich mir einen Bibeltext
aus der Bergpredigt vorgenommen. Vorweg gab es ein christliches Jugendlied
aus dem Jungscharliederbuch, dann einen frommen Spruch als Losung,
schließlich die Bergpredigt mit meiner kümmerlichen Auslegung, ein weiteres
Lied und dann ein abschließendes Gebet. Zum gemütlichen Teil hatte ich
Bücher und Bilder über Erwin Rommel, den Wüstenfuchs, mitgebracht, die alle
Jugendlichen begeisterten.

Mit Einbruch der Dämmerung ging es in Hitlerjungenmanier mit flottem
Marschlied hinter unserem Wimpel hermarschierend in das Gehölz, wo wir
uns mit einem ‚Lebensfaden' am Handgelenk in zwei Parteien gegenseitig

bekriegten. Vorher wurden manövergerechte Parolen ausgegeben, Überrum-
pelungstaktiken besprochen, Rückzugsstrategien festgelegt und Tarnen und
Täuschen geübt."

Aber es werden auch jährlich in den Sommermonaten Zeltlager durchgeführt, die einen großen erzieherischen Effekt besitzen. Vierzehn Tage lang von
zu Haus fort sein, sich selbst organisieren, kochen und abwaschen müssen,
den Mief, insbesondere den „Donnerbalken" ertragen lernen, auch die Launen
der „Mitbewohner", das alles hat erheblich zur Selbstständigkeit beigetragen.

Die sportlichen Angebote können sich sehen lassen. Der große Renner ist
Tischtennis. Hier bringen es einige Jungen zu wahrer Meisterschaft. Für die
Mädchen gibt es nichts Vergleichbares, sieht man von der Möglichkeit ab, im
Kirchenchor mitsingen zu dürfen. Die Kirche hat in dieser aufgewühlten Zeit
vielen Jugendlichen ein zweites Zuhause gegeben, so manchem war sie es
gänzlich.

Jungschar-Mitglieder in einem
Zeltlager am Brahmsee

So haben viele im Jahr 1954 gewohnt

Die eigenen vier Wände

Endlich, endlich – Licht am Ende des düsteren Tunnels, Silberstreifen der Zuversicht am Horizont signalisieren: Es geht aufwärts, immer weiter, immer weiter. Die einen wollen Luxus, wollen Versäumtes in Siebenmeilenschritten nachholen, die anderen sehnen sich nach Ruhe, Geborgenheit, der eigenen Wohnung. Jahre des beengten Hausens, der Entbehrung und des Verzichts auf ein bisschen persönliche Lebensgestaltung sollen nun mit dem Bau, dem

11. bis 14. Lebensjahr

Kauf oder der Miete einer Neubauwohnung gekrönt werden. Monat für Monat werden Tausende von Wohnungen fertig gestellt, zumeist als Mietwohnungen, an die man in der Regel nur mit „verlorenem Baukostenzuschuss" in Höhe von einigen Tausend Mark herankommt. Wohnungsbaugesellschaften mit dem Attribut „gemeinnützig" entstehen quasi über Nacht, und Hilfswerke der evangelischen Kirche schließen sich dem an.

„Wohlstand für alle" heißt die Formel des so genannten Wirtschaftswunders. Wo Träume noch nicht verwirklicht werden können, helfen Großeltern mit Wohnlauben in ihren Kleingärten aus. Noch ist das Einkommen der Familien karg bemessen. Wie soll man eine vierköpfige Familie eine Woche lang mit 35,– DM verpflegen? Darüber müssen sich viele Hausfrauen tagtäglich den Kopf zerbrechen. Wurzelsalat, Bohnensuppe und Sauerkrautrohkost gehören ebenso dazu wie Milchreis und Pellkartoffeln mit Heringen, damals apostrophiert als „Essen der armen Leute". Langsam entstehen neue Wohngebiete mit Schulen, Märkten, Läden und Gemeinschaftseinrichtungen. Die Werbung in den regionalen Zeitungen, später dann im Rundfunk und im Fernsehen, verstärkt den Wunsch nach verbesserten Lebensbedingungen. Constructa-Bauausstellungen werden besonders nachgefragt, denn das Verlangen nach den eigenen vier Wänden, nach neuen, heimeligen, kuscheligen Möbeln ist unbeschreiblich groß. Die Miete wird pünktlich zum Ersten des Monats in bar gezahlt. Über die vielen Beschwernisse geht man hinweg, etwa dass die Waschküche im Keller direkt neben dem Kohlenhaufen liegt oder dass man die feuchte, schwere Wäsche körbeweise einige Stockwerke hoch auf den Trockenboden schleppen muss. So manche Ehefrau muss ihren Beruf aufgeben, denn das Hausfrauendasein ist in diesen Jahren höchst anstrengend. Es gibt keine Fertignahrung, keine Wegwerfwindeln, größtenteils noch keine Waschmaschinen, keine Autos, keinen Supermarkt und kein Telefon. Die Fußböden der Wohnungen bestehen aus Holzdielen oder Linoleum und erfordern ständiges intensives Putzen, Bohnern und Nachreiben. Und die Öfen verursachen Schmutz und müssen laufend gereinigt werden.

Anfang der 50er-Jahre trauen sich die ersten Familien, ein Haus zu bauen. Mit einer gehörigen Portion Gottvertrauen, Landesmitteln, günstigen Hypotheken und im Zustand großer Ahnungslosigkeit wird das kleine Häuschen fertiggestellt. Später hat so mancher rückblickend geseufzt: „Wie haben wir das damals bloß geschafft?"

Das Plumpsklo hinterm Haus, in manchen norddeutschen Gegenden auch „Tante Meier" genannt, bleibt indes Bestandteil nostalgischer Erinnerung, wie so vieles andere auch.

![Potsdamer Platz]

Arbeiteraufstand in der DDR
(17. Juni 1953)

Ein Artikel in der FDGB-Zeitung „Tribüne", in der die Normerhöhung für Arbeit gerechtfertigt wird, bringt die arbeitende Bevölkerung in Aufruhr. Die Atmosphäre wird aufgeheizt durch politische Forderungen wie „freie Wahlen, Rücktritt der Regierung und Generalstreik". Am 15. und 16. Juni 1953 kommt es auf den Ostberliner Großbaustellen zu Protestaktionen. Die Demonstrationen werden am nächsten Tag fortgesetzt und greifen auf die gesamte DDR über. Am 17. Juni wird fast in ganz Ostberlin gestreikt. Mit Hilfe der Volkspolizei schlägt das sowjetische Militär die Erhebung blutig nieder. Gegen 13.30 Uhr wird vom sowjetischen Stadtkommandanten der Ausnahmezustand verhängt. Sowjetische Panzer fahren auf, es kommt zu Toten und Verletzten. Nach Angaben der DDR werden 21 Tote und 187 Verletzte gezählt sowie Freiheitsstrafen über 1200 Personen verhängt. Am 19. Juni ist der Aufstand endgültig niedergeschlagen.

Ein neues Lebensgefühl

Wir Kinder zu Haus

Nachbarschaft

In den 50er-Jahren ist Nachbarschaft ein hohes, unverzicht-bares Gemeingut. Das Bewusstsein, aufeinander ange-wiesen zu sein, die Probleme in Familie

und Arbeitswelt nur gemeinsam bewältigen zu können, schweißt ganze Familien für viele Jahre eng zusammen. Die „Onkels und Tanten" helfen einander, wann und wo immer Not am Mann ist. Für die Stadtbewohner gilt dies genauso wie

Chronik

7. April 1954
Die BRD erklärt den Alleinvertretungsanspruch gegenüber der DDR.

4. Juli 1954
Die deutsche Fußballnationalmannschaft wird Weltmeister.

17. Februar 1955
Das deutsche Schulwesen wird vereinheitlicht.

18. April 1955
Albert Einstein stirbt im Alter von 78 Jahren in Princeton, USA.

5. Mai 1955
Die Bundesrepublik wird souverän (der Deutschlandvertrag tritt in Kraft).

30. September 1955
Jugendidol James Dean stirbt bei einem Autounfall.

18. April 1956
Hochzeit des Jahres: In Monaco heiratet Fürst Rainier III. die amerikanische Filmschauspielerin Grace Kelly.

9. Juli 1956
Der Deutsche Bundestag stimmt einem Gesetz zu, wonach in der BRD die allg. Wehrpflicht eingeführt werden soll. Es besteht die Möglichkeit, aus Gewissensgründen den Kriegsdienst zu verweigern.

23. Oktober 1956
Der Volksaufstand in Ungarn im Kampf um Demokratie und Abzug der Sowjets auf dem Budapester Bem-Platz wird mit Panzern niedergeschlagen. Ganz Ungarn befindet sich im Generalstreik.

1. Januar 1957
Nach einer Volksabstimmung ist das Saarland wieder deutsch.

25. März 1957
Frankreich, Italien, Belgien, die Niederlande, Luxemburg und die BRD unterzeichnen die Römischen Verträge, die die Gründung der Europäischen Wirtschaftsgemeinschaft (EWG) und der Europäischen Atombehörde (Euratom) besiegeln.

6. September 1958
Armin Hary läuft als Erster die 100 Meter in 10,0 Sekunden.

1. Oktober 1958
Elvis Presley trifft in Bremerhaven ein, um dort seinen Wehrdienst anzutreten.

Pferdestärken nebeneinander – wie lange noch?

für die Familien auf dem Lande. Ist die Mutter im Wochenbett oder anderweitig bettlägerig, werden die Kinder für die gesamte Dauer auf die umliegenden Familien verteilt. Man sagt Onkel und Tante und wird dort mit Nahrung und Kleidung versorgt, als handele es sich um eigene Kinder. Hilfe wird nicht angeboten, Hilfe wird ohne viel Aufhebens einfach praktiziert. Sie erstreckt sich auf alle Arbeiten, die in der betroffenen Familie anfallen. Hier sind auch die Flüchtlingsfamilien mit eingeschlossen. Das Vieh wird versorgt, die Kühe werden gemolken, die Ernte mit eingefahren. Für die Kinder ist es nicht immer leicht, sich den veränderten Verhältnissen anzupassen. Gegessen wird, was auf den Tisch kommt, heißt die Parole, und abends um sieben Uhr geht's „in die Falle".

15. bis 18. Lebensjahr

Dass auch gelegentlich zu hören ist, „seid ihr aber schlecht erzogen", sei nur der Vollständigkeit halber erwähnt. Der Nachbarschaftsverband hat viele Jahre gehalten, in der Regel so lange, wie man einander brauchte. Die aufkommende Technisierung und Motorisierung Ende der 50er-Jahre, Ausdruck des „Wirtschaftswunders", haben viele dieser gewachsenen Strukturen zerstört.

Not macht nicht nur erfinderisch, sie schweißt auch zusammen. Auf dem Land ist alles überschaubar, man kennt einander und braucht einander. Es wird gemeinsam gefeiert, gearbeitet, gelitten. Das Vereinsleben steht hoch im Kurs, die kleine, wenig gegliederte Landschule ist das pädagogische Glaubensbekenntnis der Nachkriegsjahre, Nachbarschaft das Band, das zusammenhält, wenn auch nur auf Zeit.

Gefragt: Tugenden wie Anpacken und Kreativität

Not macht erfinderisch. Dieses Sprichwort gilt in besonderer Weise für die ersten Nachkriegsjahre. Wie selten zuvor muss eine ganze Generation eine Fülle von Kulturtechniken neu erlernen. So steht neben der Bewältigung der vielfältigen Aufgaben aus dem landwirtschaftlichen Leben die Ausbildung zum hochspezialisierten Techniker. Hier das Pferd, dort der Traktor, das Auto. Für die Kinder und Jugendlichen kein Problem. Als landwirtschaftliche „Hilfskräfte" ist ihr Wissen um die Kartoffel, ihre Lagerung, Keimung, Düngung und Ernte sowie um ihre Verwendungsmöglichkeiten schier unbegrenzt. Aber auch Motoren von Fahrrädern mit Hilfsmotor, der Kabinenroller und schließlich der ersten Automodelle werden auseinandergenommen und zusammengesetzt, als habe man nie etwas anderes gemacht. Bremsbacken werden gewechselt, Zündspulen gereinigt, Reifen geflickt, Ölwechsel vorgenommen, Auspuffteile repariert und Kühler gelötet. Das sind die Anfänge des vielbestaunten deutschen Wirtschaftswunders.

In fast jedem Hauhalt gibt es eine komplette Handwerker- und Bastelwerkstatt, einen Schuppen mit Werkzeugen, Gerätschaften und Vorräten aller Art. Die Küchen- und Stubenläden schießen über Nacht aus dem Nichts, die „Tante-Emma-Läden" an jeder Straßenecke garantieren eine Rundumversorgung mit den nötigsten Nahrungsmitteln. Eier, Milch, Käse, Mehl oder Grieß vergessen? Tante Emma hilft auch noch nach 21.00 Uhr aus. Alle wissen: Es geht weiter, weiter, weiter, immer weiter, weiter, weiter … (deutscher Schlager).

Tante-Emma-Laden in einer
norddeutschen Dorfidylle

Aber wie, das bleibt vorerst ein Geheimnis. Noch bestimmen Begriffe wie Haus-
schlachten, Einmachen, Erntewoche, Weben und Spinnen, Pökeln, Räuchern,
Beerensammeln, Kohlenholen, Rübenverziehen (Lucken), Pilzesammeln, Wolle-
pflücken, Erbsen-, Bohnen- und Maispahlen, Kaninchenfüttern, Melken, Milchho-
len und Buttern den Alltag, vor allem auch den der Kinder und Jugendlichen.

Die „höhere" Schulbildung

Der Besuch der Oberschule, in manchen Sektoren auch Oberrealschule
genannt und wenig später in Gymnasium umgetauft, ist für viele Eltern der
Königsweg zum Abitur. Ihre Kinder sollen es einmal besser haben als sie
selbst, einen akademischen Beruf ergreifen. Nach einer fünf- beziehungsweise
sechsjährigen Grundschulzeit unterbreitet die abgebende Schule der aufneh-
menden einen Vorschlag mit den in Frage kommenden Schülerinnen und
Schülern. Diese werden nun vom Oberstudiendirektor des Gymnasiums zu
einer dreitägigen schriftlichen Aufnahmeprüfung in den Disziplinen Diktat,
Aufsatz und Mathematik eingeladen.

   Die gymnasiale Laufbahn der Schülerinnen und Schüler ist unterschiedlich
ausgerichtet. Der gemeinsame Unterricht der Geschlechter, die „Ko-Eduka-
tion", wie es später heißt, ist noch nicht überall gesetzlich verankert. So gibt es

Erwartungsvoll und abwägend zugleich – Jungen aus
einer 10. Realschulklasse des Jahres 1955 (Sommer)

Gymnasien nur für Jungen und nur für Mädchen. Die Fortschrittlichen haben
diesen Status schon überwunden und werben mit der gemeinsamen Erziehung. Manche Schulen haben auf ihrem Emblem den Hinweis „neusprachli-
cher – altsprachlicher – mathematisch-naturwissenschaftlicher Zweig". Wer
also schon im zarten Alter eines Sextaners weiß, welche Begabung ihn aus-
zeichnet und welchen Beruf er später einmal ausüben wird, dem ist mit dem
Schul-Logo eine wertvolle Orientierungshilfe an die Hand gegeben. Nur dass
die armen Schüler selten in diesen so wichtigen Entscheidungsprozess mit
einbezogen werden. Die Eltern wissen schon, was gut für ihre Kinder ist. Im
Frühjahr, zu Ostern, erfolgt die Versetzung bzw. Nichtversetzung. Zwei „Fün-
fen" in den Kernfächern Deutsch, Mathematik und Fremdsprache bedeuten
Wiederholung der Klassenstufe. Dies wird den Eltern zu Weihnachten (wie
sinnig!) mit dem so genannten „Blauen Brief" vorangekündigt. So mancher
Brief wird vorher abgefangen, damit er den Weihnachtsfrieden nicht beein-
trächtige. Bei zwei Nichtversetzungen muss die Schule verlassen werden, die
gymnasiale Laufbahn ist dann beendet. Anfang der 50er-Jahre besuchen nur
knapp 5 % eines Schuljahrganges die „höhere Schule".

Wer endlich die Unterprima, Klassenstufe 12, erklommen hat, darf sich nun
im neusprachlichen Zweig von den Naturwissenschaften befreit fühlten. Dem
Abitur, dem „Zeugnis der Reife", steht nun – fast – nichts mehr im Weg. Nur die

Prüfung, aufgeteilt in eine schriftliche und eine mündliche. Terra incognita – niemand weiß, was ihm bevorsteht. Schließlich ist es so weit. Der Augenblick der Verkündigung ist gekommen. Die Durchgefallenen sind vorher mehr oder weniger dezent aus dem Klassenverband entfernt worden. Die Zurückgebliebenen wissen: Bestanden! In diesem Hochgefühl finden sie sich in der Aula des Gymnasiums wieder und warten, bis der Direx mitsamt dem Lehrkörper ernst, majestätisch und gravitätisch diesem großen Augenblick die noch größere Aura verleihen. Von Elite ist die Rede, von großer Sittlichkeit im Kant'schen Sinne, von der Verantwortung gegenüber Staat und Gesellschaft.

Und dann wird gefeiert. Der Druck von 13 Jahren ständigen Paukens ist weg, weicht der banalen Erkenntnis, dass nichts so heiß gegessen wird, wie es gekocht wird. Auch Graecisten und Lateiner sind schließlich nur Menschen.

Deutschland ist Fußballweltmeister!

Das neue Lebensgefühl hat einen ersten großen Höhepunkt. Es ist der Gewinn der Fußballweltmeisterschaft am 4. Juli 1954 in Bern. Millionen von enthusiastischen Hörern hängen an diesem Spätnachmittag atemlos an den Radios und Fernsehgeräten, auch die beiden 14-jährigen Jungen Gerd und Karl-Heinz, die mit ihrem Fahrrad auf dem Weg nach Frankfurt sind. In einer Jugendherberge erleben sie über das Radio einen völlig entfesselten Rundfunkreporter Herbert Zimmermann: „… Puskas schießt, gehalten auf der Torlinie … Toni Turek, Mensch, hast du uns eben Angst gemacht … und da hat wieder Rahn geschossen … Jetzt Angriff der Ungarn durch Czibor. Turek geht aus dem Tor raus, hat gerettet … Toni, Toni, du bist Gold wert … Rahn schießt. Tor, Tor, Tor, Tor für Deutschland, halten Sie mich für verrückt, halten Sie mich für übergeschnappt … 3:2 für Deutschland … aus, aus, aus, aus, das Spiel ist aus!"

Die Spieler um Fritz Walter und Toni Turek lösen mit dem Gewinn der Fußballweltmeisterschaft in Deutschland einen grenzenlosen Jubel aus, besonders bei den Kindern und Jugendlichen. Sie alle sind wie verzaubert, spielen und schießen wie „Boss" Rahn, halten wie Toni. Wir sind wieder wer, lautet der einstimmige Tenor in den Kneipen, auf der Straße, am Arbeitsplatz, in den Medien. Deutschland Fußballweltmeister – unfassbar!

Fernsehen – eine neue Welt

Nach der Fußballweltmeisterschaft setzt ein regelrechter Fernsehboom ein, zunächst allerdings noch zaghaft. Der Lohn der Land- und Straßenarbeiter ist erheblich geringer als der in der Industrie. Es sind Mitte der 50er-Jahre ca. 1,30 DM Stundenlohn bei 60 Stunden wöchentlicher Arbeit, ausgezahlt am Freitagabend mit der Lohntüte, deren Inhalt nicht selten schon auf der Baustelle in Alkohol umgesetzt wird. So wird es Usus, dass die Ehefrauen oder Kinder die Lohntüte gleich an Ort und Stelle vorsorglich in Empfang nehmen. Der Fernseher, wie übrigens die meisten Anschaffungen, wird per Ratenzahlung gekauft.

Familien ohne Fernseher, und das ist die Mehrzahl, haben nun die Möglichkeit, auf dem Wege über gutnachbarschaftliche Beziehungen die Faszination dieses neuen Mediums erleben zu können. Wenn „Die Schölermanns", später Kuli und Frankenfeld das sonnabendliche Abendprogramm bestimmen oder wenn ein Fußballspiel ansteht, meldet man sich vorher an und erscheint mit einer Flasche billigen spanischen Tarragona-Weins oder mit anderen Alkoholika. An solchen Abenden sind die Straßen „leergefegt". Das Fernsehen als Gemeinschaftserlebnis ist viele Jahre hindurch prägend. Als neues „Erziehungsmittel" ist es eine „Wunderwaffe". Wer sein Zimmer nicht aufgeräumt, die Hausaufgaben nicht gemacht und das Geschirr nicht abgewaschen hat, wird mit Fernsehentzug bestraft. Stubenarrest ist dagegen die geringere Strafe.

Kino, Theater und Idole

Knapp ein gutes Dutzend Jahre nach dem braunen Terror, nach Schutt und Asche, Hungersnot und grenzenloser Verzweiflung wollen die Deutschen Bilder aus einer heilen Welt. Sie wollen sich vergnügen, lustig sein, lachen, ihren Sehnsüchten nachgehen. Wohin laufen sie? Scharenweise ins Kino, auch in die Operette. Es muss leicht sein, beschwingt. Die Wald-, Wiesen- und Heimatfilme wie **„Der Förster vom Silberwald"**, **„Schwarzwaldmädel"**, **„Die drei von der Tankstelle"**, um nur einige zu nennen, überfluten geradezu die Filmtheater in den Städten. Auf dem Lande schießen in den Gasthöfen kurzfristig Kinos wie Pilze aus dem Boden. Theo Lingen, Grete Weiser, Georg Thomalla, Hubert von Meyerinck, Rudolf Platte, Günter Lüders u. v. a. sind Garanten dafür, dass die Lachmuskeln funktionieren. Das Kino hat aber auch seine andere, „dunkle" Seite, vor allem für die jungen Leute. Es lässt sich vor allem auf den hinteren Sitzen so herrlich knutschen.

Langsam entwickelt sich das Bedürfnis nach ernsthafteren Themen. Das Volk der „Dichter und Denker" entdeckt sich wieder selbst. So ist **„Anne Frank"** 1954 das meistgespielte Theaterstück des Jahres. 1955 kommt mit **„Des Teufels General"** (Zuckmayer) in der Starbesetzung Curd Jürgens, Marianne Koch, Camilla Spira und Victor de Kowa in der Regie von Helmut Käutner ein großer Film mit internationalem Format in die Kinohäuser. Zwischendurch rühren und erwärmen Romy Schneider und Karlheinz Böhm mit ihren insgesamt drei **„Sissi"**-Folgen die Herzen von Millionen von Zuschauern. Heidi Brühl und Paul Klinger tun ihnen das mit der **„Hochzeit auf Immenhof"** gleich (1956). Großartig spielt Maria Schell ein Jahr später die **„Rose Bernd"** in einer Uraufführung nach Gerhart Hauptmanns gleichnamigem Theaterstück.

„Des Teufels General"

„Schwarzwaldmädel"

Ein Höhepunkt ist die Auszeichnung des Films **„Der Hauptmann von Köpenick"** (Zuckmayer) mit Heinz Rühmann in der Hauptrolle (Schuster Voigt) als bester Film auf den Berliner Filmfestspielen des Jahres 1957. Wer erinnert sich nicht an **„Die Brücke am Kwai"** mit Sir Alec Guinness und an das musikalische Leitmotiv, den „River-Kwai-Marsch", der 1957 Schlager des Jahres wird? Die Jugend aber begeistert sich vor allem für die **„Halbstarken"** mit Horst Buchholz und Karin Baal, deren Idole sie für viele Jahre sind, auch hinsichtlich ihres „Outfits". Der Schlagerfilm mit **„Conny und Peter"** (Cornelia Froboess und Peter Kraus) setzt hier nahtlos an. Der Rock 'n' Roll à la Elvis Presley ist das musikalische Leitbild all dieser Filme. Frische, unverbrauchte Typen braucht das Land. Es geht nach vorn mit Mut und Zuversicht. Zweifel, der Blick zurück sind nicht gefragt.

15. bis 18. Lebensjahr

Sport, Wettkämpfe, Olympische Spiele

Der Sport hat in den Nachkriegsjahren eine besondere Bedeutung erlangt. Zum einen erfüllt er in hohem Maße eine soziale, integrative Funktion, zum anderen fördert er in besonderer Weise den Leistungsgedanken, was dem wirtschaftlichen Denken dieser Jahre zugutekommt. Aber auch die Stärkung des wiedererwachenden Nationalbewusstseins wird mit internationalen Sportwettkämpfen gezielt gefördert. Deutschland misst sich nicht nur während der Fußballweltmeisterschaft im Jahre 1954. Damit die Jugend nicht nur Fußball im Sinn hat, werden an allen Schulen der Republik Vergleichswettkämpfe durchgeführt, in den Sommermonaten in der Disziplin Leichtathletik, im Winter in der größtenteils ungeliebten Disziplin Turnen. Sie heißen Bundesjugendspiele und werden mit Ehrenurkunden des Bundespräsidenten und Siegerurkunden des Ministerpräsidenten des jeweiligen Bundeslandes ausgezeichnet. Im Zeugnis gibt es dann dafür eine „Eins" beziehungsweise eine „Zwei". Die Schüler nennen sie die „Große" und die „Kleine". Die „Große" erhält, wer mindestens 72 Punkte erreicht hat. Dafür muss man 75 beziehungsweise 100 Meter schnelllaufen, mit dem Schlagball weitwerfen und in eine Sandkuhle hinein weitspringen. Ab 40 Punkten gibt es die „Kleine". Im Winter turnen die Jungen am Barren und am Reck, springen über das Pferd (den Tisch) und zeigen am Boden, was eine Hechtrolle oder ein Handstandüberschlag ist. Die Mädchendisziplinen sind vorwiegend Bodengymnastik, Keulenschwingen und Ballspiele, Turnen am Stufenbarren und Balancieren am Schwebebalken oder Rhönradfahren.

Zum Anbeißen, diese sieben „Strahlemädchen"

Mode – das neue Outfit

Das neue Lebensgefühl erstreckt sich auch auf die Kleidung. Die Kinder müssen selbstverständlich Vorhandenes auftragen, Gestopftes, Geflicktes, Selbstgestricktes, das so herrlich kratzt. Die Erwachsenen und Jugendlichen können schon mal einen Blick in die Versandhauskataloge und die Modejournale werfen,

die als eine Art Modebibel den Zeitgeschmack bestimmen. Die ersten Moden-
schauen zeigen schmucke Petticoats, elegante Kostüme, Glencheck- und
Pepitaanzüge und Nyltesthemden für Herren, in denen man nach der geringsten
Anstrengung schon zu „duften" beginnt. Da noch nicht alles Wünschenswerte
gekauft werden kann, werden die ersten Strickmaschinen auf den Markt
gebracht. Mit denen kann man z. B. bis zu 2500 Maschen in der Minute stricken,
so dass ein Pullover schon in wenigen Stunden fertig gestellt werden kann. Der
Traum vieler junger Mädchen sind, nach amerikanischem Vorbild, flauschige
Stoffe, Unterwäsche und Nachthemden aus Sweatshirt. Aber Petticoat aus
Leinen oder Spitze tun's auch. Die aus Leinen werden mit Mondamin gestärkt,
die aus Spitze mit Zuckerwasser. Bei den Kleidern sind großgemusterte Blumen-
motive „in". Die Männer tragen den langen Mantel mit Hut und den Zweireiher
mit Schlips. Jeans und Lederjacke kommen erst Mitte der 50er-Jahre auf.
Die Jungen schmieren ihre Haare mit Brisk, Fit oder Flott voll und formen daraus
ihre Tollen, die Damen tragen es onduliert oder hochgesteckt.

Die Tanzstunde – Traum oder Alptraum?

Ein Alptraum für die Jungen ist die Tanzstunde. Die Konfirmation, die doch alle
wegen der erwarteten Geschenke über sich ergehen lassen wollen, macht in
vielen Regionen unseres Landes die Teilnahme an einem Tanzlehrgang zur
Bedingung. Tanzen mit diesen „fremden Wesen"? Ein Unding. Ausreden helfen
nicht. Kein Geld? Da hilft ein Schulfonds. Auskneifen? Der Pastor erfährt,
diskret, versteht sich, davon. In der nächsten Konfirmandenstunde lässt er
durchblicken, dass die Erteilung der Konfirmation nicht nur von den zehn
Geboten, sondern auch vom Erlernen bestimmter Tanzschritte abhängig sei.
Die ersten Bewegungen auf glattem, viel zu glattem Parkett in einem Gasthof
sind entsetzlich, für so manchen ein Fiasko. Zunächst sitzen sich Jungen und
Mädchen einander in langen Reihen gegenüber, fein herausgeputzt, die
Mädchen mit weißen Kleidchen und Schleifchen im Haar, die Jungen im
Bleyle-Anzug und das Haar mit Brillantine pomadisiert. Polierte Lackschuhe
oder Schuhe mit Kreppsohlen geben dem Ganzen einen besonderen Reiz. Die
Aufregung ist groß. Der Tanzlehrer, ein Mann undefinierbaren Alters und mit
dem Gehabe eines Zirkusdompteurs, erklärt mit und anhand seiner ständig

Gleich geht's los: „Linksdrehung" beim „langsamen Walzer" ist angesagt. Ob das gutgeht?

lächelnden, auf Stöckelschuhen hin- und herwippenden Partnerin die einzelnen Schritte und die Körperhaltung. Der langsame Walzer mit Linksdrehung lässt so manchen Gutwilligen verzweifeln und an seine Grenzen, sprich an die Hacke und Wade seiner Partnerin stoßen. Schmerzschreie bleiben nicht aus, auch nicht Ausrufe wie: „Mit dem Trampel nicht. Nie wieder!" Nun wird dem „Herrn" noch einmal gezeigt, in welcher Körperhaltung die „Dame" zu führen sei, und das vor all den kichernden „Monstern", auch werden die einzelnen Tanzschritte bei laufender Musik und penetrant vorgetragenen Zählrhythmen „eins, zwei, drei und vier, fünf, sechs, links herum die Dame, rechts herum der Herr" am lebendigen Objekt nachvollzogen.

Der Höhepunkt ist schließlich der Abtanzball. Die Tänzerinnen und Tänzer müssen vor Eltern und Verwandten zeigen, was sie gelernt haben. Der Konfirmation steht nun nichts mehr im Wege.

15. bis 18. Lebensjahr

Bella Italia lockt

Wir kriegen Fernweh

Nach all den Entbehrungen der Nachkriegszeit erfasst eine ganze Nation die Reiselust. „Komm ein bisschen mit nach Italien, komm ein bisschen mit ans blaue Meer" und „Rote Rosen, rote Lippen, roter Wein" dudelt es Mitte der 50er-Jahre von Hörfunk und Schallplatten auf die Bundesbürger herab. Wer kann sich schon dem Banne des Schmelzes von Rudi Schurikes Stimme entziehen, wenn er hingebungsvoll mit weicher Tenorstimme singt: „Wenn bei Capri die rote Sonne im Meer versinkt …".

Urlaub, entspannen, Neues sehen und erleben sind die Lockrufe der Zeit. Zelt und Motorrad, aber auch Isetta und Käfer verhelfen zu einer ständig wachsenden Mobilität. Manche nennen die Isetta das „Adventauto" nach dem Motto: „Mach hoch die Tür". Für andere ist sie das „Knutschauto" oder das „Schlaglochsuchgerät". Wer nicht motorisiert ist, fährt mit dem Fahrrad wie die beiden vierzehnjährigen Jungen aus dem hohen Norden, die in drei Wochen mit selbst zusammengebauten Rädern nach Frankfurt hin- und zurückfahren.

Die ersten Bundesbürger sind zu Wohlstand gekommen. Erstmalig verzeichnet die Wirtschaft einen Exportüberschuss und eine positive Devisenbilanz, und so gibt die damalige Regierung jedem Bürger einen Gegenwert in Höhe von 1500,– DM in einer beliebigen konvertierbaren Währung zum Umtausch frei. Damit lässt sich schon eine ansehnliche Reise antreten. Reisen darf man nun schon in 13 Länder, doch nur 21 % der Bevölkerung besitzen einen Reisepass. Beliebte Reiseziele sind Italien, dann die Schweiz und auf Platz 3 die USA. Gemessen an den Strapazen der Jungen, die mit insgesamt 60,– DM auskommen müssen, ist die Fahrt einer fünfköpfigen Familie in einem Käfer an den Gardasee geradezu eine Luxusreise.

Mit dem Goggo
in die Berge

Liebe, Freundschaft, Aufklärung

Die unaufhaltsame Liberalisierung in allen Bereichen der Gesellschaft hat auch die jungen Leute erfasst. Tanzvergnügen, der kurze Rock, Rauchen, Alkoholkonsum, Strand- und Badeleben und wachsende Mobilität durch zunehmende Motorisierung lassen die bisherigen Grenzen zwischen den Geschlechtern immer weiter schwinden, sehr zum Leidwesen der Elterngeneration.

Sich einem Jungen „nackt" im Badeanzug am Strand oder im Schwimmbad zeigen gilt – noch – als unschicklich. Ein Rendezvous mit einem Jungen kommentiert die Mutter mit der Bemerkung: „Pass auf. Du weißt schon. Nicht, dass du …" Was weiß sie denn schon, und worauf soll sie aufpassen? Und im Übrigen muss sie oder er Punkt 22.00 Uhr zu Hause sein, denn das Jugendschutzgesetz gilt bis einschließlich 21 Jahre.

Mann,
ist der stark!

So manches Mädchen wird von der Menstruation als von einem Gottesgericht heimgesucht. An Aufklärung fehlt es vorne und hinten. Schule und Elternhaus scheinen überfordert. Wenn es denn im Unterricht schon mal dazu kommt, wird die Bestäubung der Blumen durch die Bienen als probates Bild herangezogen. Das muss genügen. Über Sexualität spricht man nicht. Noch geschieht alles im Dunkeln, unter der Bettdecke. Erstmals wird eine ganze Generation mit der Nacktheit der „Sünderin" (Hildegard Knef) in einem skandalumwitterten Film konfrontiert. Der Bann scheint gebrochen. Er wird freier, ungezwungener, der Umgang der Geschlechter miteinander. Freundschaften entstehen, die z. T. länger anhalten und zu Eheschließungen führen. „Man geht miteinander", zeigt sich, signalisiert feste Bindungsabsichten, oftmals ist schon „was Kleines unterwegs". Nicht selten muss bei Heiratsplänen die schriftliche

Einverständniserklärung der Eltern herangezogen werden, wenn einer der jungen Leute noch nicht volljährig (21) ist. Manchmal ist das Kind schneller da als der eheliche Segen.

Die Neugierde auf das andere Geschlecht ist besonders bei den Jungen stark ausgeprägt. Sie holen sich nötige Informationen aus „einschlägiger" Lektüre, die natürlich im Verborgenen „konsumiert" wird. Der Blick durchs Schlüsselloch am Badetag tut's zur Abwechslung auch, wie auch das Betrachten der Nackten von Goya und Modigliani in den Kunstbänden der öffentlichen Bücherei. Die Verhütung liegt nach konventionellem Muster bei den Jungen, denn die Antibabypille gibt es noch nicht. So ist die monatliche Angst, dass „es" passiert sein könnte, ein ständiger Begleiter.

Die große „Unbehaustheit" der Jugend nach dem Krieg hat eine tiefe Sehnsucht nach Freundschaft, Liebe und fester Bindung wachsen lassen. Die Ehe als Hort der Geborgenheit, in dem Versäumtes nachgelebt werden soll, wird immer häufiger angesteuert. Gemeinsam werden die Probleme der Gegenwart und Zukunft angegangen, aber auch so manche Illusion wird dabei zerstört.

Kalorien, Kalorien

Es geht uns gut, wir fühlen uns wohl. Sauwohl. Endlich können wir essen, was wir wollen, reisen, wohin uns Auto, Schiff, Bus, Eisenbahn und Flugzeug transportieren: An die Strände und romantischen Buchten Italiens, Spaniens und Jugoslawiens. Das Wirtschaftswunder hat uns fest im Griff. Die Tourismusunternehmen „boomen". Kaviar und Sekt sind längst keine Fremdwörter mehr. Die Reisebüros locken mit Angeboten an die Riviera, nach Paris, Venedig, Rom, Lugano und Barcelona, und das zu Billigpreisen.

Die Zeiten der zugeteilten Kalorien sind vorbei. Die Pfunde nehmen zu. Eisbein, Sauerkraut und Knödel, die Markenzeichen wirtschaftswunderlicher Esskultur, sind daran schuld. Nun heißt es schnell wieder abnehmen, runter mit den Kalorien. Die Mode hält uns täglich den Spiegel vor. Was tun? Entfettungskuren sind angesagt. Abmagerungspillen in hundertfachen Variationen helfen dabei. Dennoch: Viele tragen immer noch Bauch, zeigen: Es geht uns gut. Wir sind satt. Die Spuren des Krieges sind größtenteils verwischt. Worauf warten wir noch? Auf das große Glück, den Sechser im Lotto.